Doorbreek je depressie

AF001106

Inhoud

Voorwoord	6
Fase 1: Veranderen van het activiteitenniveau	9
Zitting 1 – Kennismaking, randvoorwaarden	9
Zitting 2 – Planning van activiteiten en stemmingsmeting	14
Zitting 3 – Planning van activiteiten & registratie	21
Zitting 4 – Planning activiteiten, registratie en leefstijl	24
Fase 2 : Het herkennen van gedachten die depressief maken	31
Zitting 5 – Introductie cognitieve therapie	31
Zitting 6 – Registratie automatische gedachten	38
Zitting 7 – Registratie automatische gedachten en leefregels	41
Fase 3: Verandering van negatieve gedachten in helpende gedachten	45
Zitting 8 – Introductie uitdagen van gedachten	45
Zitting 9 – Uitdagen van gedachten en introductie denkfouten	51
Zitting 10 – Uitdagen van gedachten en denkfouten	56
Zitting 11 – Introductie gedragsexperimenten	59
Zitting 12 – Gedragsexperimenten	66
Zitting 13 – Aanvullende uitdaagtechnieken of extra oefening gedragsexperimenten	69
Zitting 14 – Aanvullende uitdaagtechnieken of extra oefening gedragsexperimenten	79
Zitting 15 – Aanvullende uitdaagtechnieken of extra oefening gedragsexperimenten	89
Zitting 16 – Afsluiten van behandeling	100
Geraadpleegde literatuur	102

Voorwoord

Voor u ligt een werkboek voor mensen die kampen met een depressie. Dit werkboek gebruikt u naast een behandeling cognitieve gedragstherapie. Het boek bevat informatie, formulieren en uitleg die u tijdens de behandeling nodig zult hebben.

Waarom is het behandelen van een depressie noodzakelijk?

Iedere volwassene heeft in zijn leven ongeveer 15% kans om een depressie te krijgen, met een piek rond het dertigste levensjaar. Bij mannen is deze kans 10% en bij vrouwen 20%. Hoewel er vorderingen gemaakt zijn met betrekking tot het behandelen van depressie, is het aantal cliënten dat een terugval krijgt nog steeds aanzienlijk. Depressieve klachten leiden tot ernstige beperkingen in het sociaal functioneren, bijvoorbeeld op gebied van werk, vrije tijd en contact met de partner, kinderen, familie of vrienden. Het is dan ook niet verwonderlijk dat er wereldwijd veel aandacht wordt besteed aan onderzoek naar de meest effectieve behandeling voor depressie.

Waarom cognitieve gedragstherapie en wat is het?

Door deskundigen wordt Cognitieve Gedragstherapie (CGT) aangeraden als een van de effectieve psychologische behandelingen bij cliënten met een depressieve stoornis. De behandeling is ook wetenschappelijk onderzocht en het effect wordt telkens weer bewezen.
CGT is in al deze onderzoeken een kortdurende vorm van psychologische behandeling waarbij de essentie is dat de cliënt leert negatieve patronen van gedachten (ook wel 'cognities' genoemd) te ontdekken en te veranderen. Daarbij gaat het om negatieve gedachten zoals 'het wordt nooit wat met mij', 'alles wat ik aanpak gaat fout' of 'iedereen is tegen me'; dergelijke negatieve gedachten vormen in psychologisch opzicht de kern van een depressie.

Hoe werkt de therapie?

Het werkboek dient als richtlijn voor u en voor uw therapeut. Iedere behandeling met het werkboek zal weer anders verlopen, omdat iedere cliënt uniek is. De fasen die worden doorlopen en de technieken die aan de orde komen, zullen echter wel dezelfde zijn vanwege het aangetoonde effect hiervan.
De behandeling bestaat uit zestien zittingen verdeeld over drie fasen. De eerste tien zittingen vinden wekelijks plaats, de laatste zes tweewekelijks. Dit betekent dat de totale behandeling ongeveer een half jaar duurt. Iedere zitting duurt 45 minuten.

Fase 1: Verhogen/veranderen van het activiteitenniveau (zitting 1 t/m 4)

De behandeling start met twee introductiezittingen, waarin veel moet gebeuren. De randvoorwaarden worden besproken, zoals de gezamenlijke manier van werken, afspraken die hierover gemaakt worden, de doelen waaraan gewerkt gaat worden en het therapiecontract. Er wordt ingegaan op de activiteiten die u momenteel doet. Verder zal uw therapeut vertellen hoe de behandeling bij u zou kunnen werken.
In de eerste fase is het belangrijk dat u meer activiteiten gaat ontplooien waar u mogelijk voldoening uithaalt. Uit onderzoek is bekend dat dit positief bijdraagt aan de stemming. U wordt gevraagd deze activiteiten en uw stemming daarbij te registreren, een lijst met potentieel plezierige activiteiten op te stellen en een planning te maken voor het uitvoeren van activiteiten. Deze fase kan, indien nodig, ook worden gebruikt om ongezonde leefwijzen (zoals onregelmatig eten, omgekeerd dag-en-nachtritme, e.d.) onder de loep te nemen en waar mogelijk te veranderen. Het doel is een regelmatiger en stabieler leefpatroon.

Fase 2: Cognitieve therapie: het herkennen van gedachten die depressief maken (zitting 5 t/m 7)

In deze fase wordt uitgelegd hoe uw gedachten uw gevoel kunnen beïnvloeden. Door middel van het bijhouden van gedachtedagboeken krijgt u zicht op hoe in bepaalde situaties negatieve gedachten of leefregels van invloed zijn op uw depressieve stemming.

Fase 3: Cognitieve therapie: verandering van negatieve gedachten in helpende gedachten (zitting 8 t/m 16)

De derde en laatste fase is gericht op het veranderen van uw negatieve gedachten. U gaat samen met de therapeut oefenen met het stellen van kritische vragen om uw negatieve gedachten 'uit te dagen'. Mogelijk ontdekt u dat die gedachten minder geloofwaardig, minder realistisch of minder helpend zijn dan u van tevoren aannam. En als dat zo is, gaat u samen met uw therapeut zoeken naar gedachten die realistischer, geloofwaardiger en meer helpend zijn. Dit heeft uiteindelijk tot doel uw gevoelens en stemming op een positieve manier te beïnvloeden.

De laatste sessie

De zestiende en laatste zitting wordt gebruikt om de behandeling te evalueren en na te gaan in hoeverre uw voorafgestelde doelen zijn gehaald. Daarnaast worden strategieën besproken die u kunt toepassen indien de klachten opnieuw zouden verergeren.

Een therapie met een werkboek

Per zitting is een Agenda opgenomen, zodat u inzicht heeft in wat er die zitting aan de orde zal komen. Daarnaast is er ruimte om zaken die u van belang acht tijdens de zitting te noteren.
Om een maximaal effect uit uw behandeling te halen is de rol van huiswerk essentieel. Thuis oefent u met hetgeen in de zitting is besproken. Het doel is dat u na de behandeling 'uw eigen therapeut bent'. Met uw therapeut zult u iedere zitting het

huiswerk voor- en nabespreken. In dit werkboek vindt u bij iedere zitting informatie, registratieformulieren, instructies voor het invullen van de registratieformulieren of aanvullende informatie die nodig is voor de huiswerkopdrachten opgenomen.

Fase 1: Veranderen van het activiteitenniveau

Zitting 1 – Kennismaking, randvoorwaarden

Datum: _____

Agenda

- U maakt kennis met uw therapeut
- Het doel van het gesprek zal besproken worden
- De Agenda wordt samen vastgesteld
- De therapeut zal kort terugkomen op de intake en u naar eventueel aanvullende informatie vragen
- De doelen van de therapie zullen samen vastgesteld worden
- De therapeut zal u uitleg geven over de opzet van de gehele behandeling
- De therapeut zal het formulier Activiteitenregistratie introduceren
- Het huiswerk voor de volgende zitting wordt besproken
- Nabespreken van de zitting

Belangrijke punten tijdens de zitting

_____
_____
_____
_____
_____
_____
_____
_____
_____
_____
_____
_____
_____
_____

Huiswerk voor de volgende keer

- Doorlezen van de informatiebrochure, *Depressie*
- Bijhouden van activiteiten en de bijbehorende stemming met behulp van het formulier 'activiteitenregistratie'

Punten om te onthouden

_____

_____

_____

_____

_____

_____

_____

_____

_____

_____

Informatiebrochure depressie

We voelen ons allemaal wel eens somber of verdrietig. Het is een normale reactie op een negatieve gebeurtenis. Een promotie mislopen of kritiek krijgen leidt bijvoorbeeld meestal tot een somber of verdrietig gevoel. Meestal herstellen we hier vanzelf weer van en zien we na een sombere periode ook weer de positieve kanten van het leven. Tot zover is er niets aan de hand. Er zijn echter veel mensen die te lang in het sombere en verdrietige gevoel blijven 'hangen'. Ze raken steeds verder verwijderd van positieve gevoelens als blijdschap, voldoening en tevredenheid. Deze mensen kunnen terechtkomen in een negatieve spiraal. Depressie is iets anders dan je een paar dagen 'gedeprimeerd' of 'verdrietig' voelen. Depressie gaat dieper en duurt langer. Als je depressief bent, voel je je bijna voortdurend bedroefd, hopeloos en somber. Daarnaast heb je geen interesse of plezier meer in activiteiten of in het contact met anderen.

Depressieve gevoelens, inactiviteit en je sociaal terugtrekken kunnen samengaan met de volgende klachten.

Lichamelijke klachten

1. Een duidelijk verlies van eetlust, en gewichtsverlies (5% afname in een maand) zonder dat je aan een dieet doet. Het tegenovergestelde (teveel eten en gewichtstoename) kan ook een uiting van depressie zijn, maar dat komt minder voor.
2. Bijna elke dag last van slapeloosheid. Met name het in- en doorslapen of het vroeg wakker worden blijkt bij depressieve mensen een probleem te zijn. Extreem veel slapen komt ook voor als symptoom van depressie, maar in mindere mate.
3. Bijna elke dag last van rusteloosheid (moeite met stilzitten) of juist met het in beweging komen.
4. Bijna elke dag last van vermoeidheid of gebrek aan energie.

Psychische klachten

5 Bijna elke dag moeite je gedachten erbij te houden (concentratieproblemen) of beslissingen te nemen. Je geheugen werkt slecht, dat wil zeggen dat je het moeilijk vindt dingen te onthouden. Bovendien werken waarneming en geheugen selectief. Je ziet en onthoudt alleen de negatieve gebeurtenissen. Je krijgt hierdoor een algemeen negatief beeld van jezelf, de wereld en je toekomst.
6 Je bijna elke dag waardeloos of schuldig voelen. Als je depressief bent, denk je zeer negatief over jezelf. Het gevolg is dat je zelfwaardering en zelfvertrouwen tot een dieptepunt dalen en dat je je erg schuldig voelt.
7 Vaak aan de dood of aan zelfmoord denken. Bij een depressie heb je een extreem negatieve kijk op de wereld en de toekomst. Als gevolg van deze negatieve kijk word je hopeloos en moedeloos. Uitspraken als 'wat heeft het leven nog voor zin' kunnen dan waar lijken. Het kan dan gaan lijken of de dood een oplossing is. Dit is een uiterst gevaarlijk kenmerk van depressie, omdat je ervan overtuigd kunt raken (door de negatieve gedachten) dat er geen oplossing meer is.

Je kunt spreken van een depressie wanneer je je twee weken of langer voortdurend depressief voelt of nergens meer in geïnteresseerd bent, in combinatie met minimaal vier van de bovenstaande klachten.

Stappen om de depressiespiraal te doorbreken

Samen met uw therapeut, die gespecialiseerd is in deze therapie, zult u de komende zestien zittingen werken aan het doorbreken van de 'depressiespiraal'. Deze behandeling heet 'cognitieve gedragstherapie' en uit veel wetenschappelijk onderzoek is gebleken dat deze therapie effectief is. De therapie bestaat uit twee 'stappen'. De eerste is het doorbreken van uw depressieve gedragspatroon. De tweede stap is het doorbreken van uw depressieve gedachtepatroon.

DOORBREKEN VAN HET DEPRESSIEVE GEDRAGSPATROON

Inactiviteit en terugtrekgedrag zijn op zich logische gevolgen van een depressief gedachtepatroon. Het vervelende is echter dat inactiviteit ervoor zorgt dat je nog verder de depressiespiraal wordt ingetrokken omdat het je depressieve gedachten versterkt. Want wanneer je minder onderneemt, heb je meer de tijd om te piekeren. Bovendien heb je meer redenen om op jezelf neer te kijken omdat je jezelf 'bewijst' dat je niets kunt. We hebben dat geïllustreerd in figuur 1. In deze therapie zult u samen met uw therapeut uw activiteiten onder de loep nemen en uitbreiden. Sommige mensen daarentegen ondernemen juist extra veel activiteiten. Ook dan is het van belang om de activiteiten beter in kaart te brengen. Waar het om gaat is dat er een goede balans ontstaat tussen activiteiten die 'moeten' en tussen activiteiten die (potentieel) voldoening geven. Dit heeft een positieve invloed op uw stemming.

DOORBREKEN VAN HET DEPRESSIEVE GEDACHTEPATROON

Wanneer je een depressie hebt, denk je vaak negatiever. Gedachten als 'ik heb vandaag weer niets gedaan, ik ben een waardeloze moeder' of 'iedereen is met zichzelf bezig, niemand ziet mij staan' lijken als vanzelf op te komen, en hebben een versterkend effect op het depressieve gevoel. Het doorbreken van uw depressie betekent in de eerste plaats dat u uw depressieve gedachten leert ontdekken. Vervolgens zult u leren deze gedachten te veranderen. Wanneer dit goed lukt, heeft dat een positieve invloed op uw stemming.

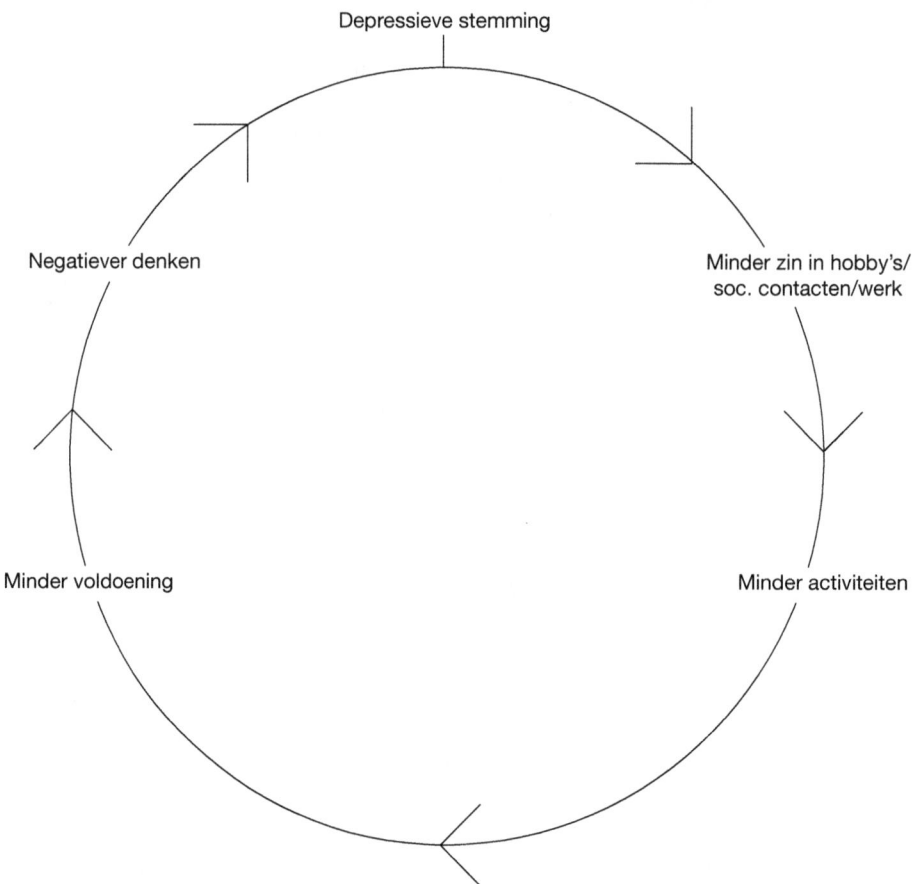

Figuur 1
Depressie-activiteitencirkel

FASE 1: VERANDEREN VAN HET ACTIVITEITENNIVEAU

FORMULIER ACTIVITEITENREGISTRATIE

Datum: **Activiteit** **Stemming**

Ochtend

Middag

Avond

Datum: **Activiteit** **Stemming**

Ochtend

Middag

Avond

Datum: **Activiteit** **Stemming**

Ochtend

Middag

Avond

Datum: **Activiteit** **Stemming**

Ochtend

Middag

Avond

Activiteit: vul hieronder in wat u in de ochtend, middag en avond hebt gedaan.
Stemming: vul hier in wat voor effect de activiteit had op uw stemming (0 = heel erg somber, 10 = helemaal niet somber).

FORMULIER ACTIVITEITENREGISTRATIE (VERVOLG)

Datum: **Activiteit**   **Stemming**

Ochtend

Middag

Avond

Datum: **Activiteit**   **Stemming**

Ochtend

Middag

Avond

Datum: **Activiteit**   **Stemming**

Ochtend

Middag

Avond

Datum: **Activiteit**   **Stemming**

Ochtend

Middag

Avond

Activiteit: vul hieronder in wat u in de ochtend, middag en avond hebt gedaan.
Stemming: vul hier in wat voor effect de activiteit had op uw stemming (0 = heel erg somber, 10 = helemaal niet somber).

Zitting 2 – Planning van activiteiten en stemmingsmeting

Datum: _____

Agenda

- De therapeut zal vragen naar uw stemming
- Er wordt kort teruggekomen op de vorige zitting
- Wanneer u met de gemaakte afspraken akkoord gaat, vult u het therapiecontract in
- De therapeut zal u nadere uitleg geven over de eerste fase van de behandeling
- Uw huiswerkopdracht zal worden besproken
- Het huiswerk voor de volgende zitting wordt besproken
- Nabespreking van de zitting

Belangrijke punten tijdens de zitting

_____
_____
_____
_____
_____
_____
_____
_____
_____
_____

Huiswerk voor de volgende keer

- Doorlezen van het therapiecontract
- Doorlezen van de informatie *Plannen van activiteiten*
- Bijhouden van activiteiten met daarbij de stemmingsscore met behulp van het formulier Activiteitenplanner
- Opschrijven van vijftien activiteiten die u voldoening geven (of gaven, voordat u de depressieve klachten kreeg)

Punten om te onthouden

_____
_____
_____
_____
_____
_____

THERAPIECONTRACT

Cliënt   Therapeut

hebben het volgende afgesproken.

Ze werken gezamenlijk actief aan de vermindering van klachten van cliënt. De hoofddiagnose van cliënt is een depressieve stoornis in engere zin met een score van minimaal 12 op de Hamilton Depression Rating Scale (HDRS).

De therapie heet 'cognitieve gedragstherapie' en bestaat uit zestien zittingen à 45 minuten. De eerste tien zittingen zijn wekelijks, daarna vinden de zittingen tweewekelijks plaats. Van cliënt wordt verwacht dat hij/zij gebruikmaakt van het uitgereikte *Werkboek*. De zittingen zullen worden opgenomen op een mp3-speler of cassetterecorder.

De doelen zijn:

Iedere vijfde zitting wordt de therapie geëvalueerd. De volgende punten kunnen hierbij besproken worden:
1 kwaliteit van de werkrelatie;
2 methode;
3 doelen.

Afspraken rond medicatie/samenwerking met psychiater:

Afspraken rond crises (zo nodig):
Tijdens kantooruren kan cliënt bellen naar tel. nr. -
Buiten kantooruren kan cliënt bellen naar tel. nr. -
Ook als de eigen behandelaar niet aanwezig is, kan naar deze nummers worden gebeld.

Datum:

Plaats:

Handtekening cliënt   Handtekening therapeut

Plannen van activiteiten

Wat zijn de voordelen van het plannen van uw dagelijkse activiteiten? In de eerste plaats is het zo dat bij een depressie de waarneming en het geheugen negatief gekleurd zijn. Dat betekent dat u, bijna alles wat u doet, negatief beoordeelt. Het opschrijven van uw activiteiten en het meteen achteraf beoordelen daarvan, helpt u een andere, meer realistische, kijk op uzelf te ontwikkelen. Ten tweede krijgt u een beter beeld van wat u allemaal al doet en hoe dat u gevoelens beïnvloedt. En ten slotte helpt het bij het doen toenemen van uw activiteiten. Dit laatste is vooral belangrijk omdat bij een toename van de hoeveelheid activiteiten ook de kans op het meemaken van plezierige gebeurtenissen toeneemt.

Let goed op dat u bij het plannen van uw dag niet alleen maar activiteiten bedenkt die 'moeten' gebeuren. Bijvoorbeeld huishoudelijke activiteiten als wassen, stofzuigen of strijken. Maar plan ook activiteiten die u, voordat u zich depressief voelde leuk of interessant vond. Denk aan wandelen, muziek luisteren of bij iemand op bezoek gaan.

Oefening

Vul de het formulier Activiteitenplanner in. Doe dit als volgt: aan het begin van de dag vult u in welke activiteiten u van plan bent te ondernemen. Aan het einde van ieder dagdeel (ochtend, middag, avond) vult u vervolgens uw stemming in, dus na het uitvoeren van de activiteiten die u had ingepland. De score 0 betekent 'heel erg somber', 10 betekent 'helemaal niet somber'.

FORMULIER ACTIVITEITENPLANNER

Datum: **Activiteit**   **Stemming**

Ochtend

Middag

Avond

Datum: **Activiteit**   **Stemming**

Ochtend

Middag

Avond

Datum: **Activiteit**   **Stemming**

Ochtend

Middag

Avond

Datum: **Activiteit**   **Stemming**

Ochtend

Middag

Avond

Activiteit: vul hieronder in wat u in de ochtend, middag en avond hebt gedaan.
Stemming: vul hier in wat voor effect de activiteit had op uw stemming (0 = heel erg somber, 10 = helemaal niet somber).

FASE 1: VERANDEREN VAN HET ACTIVITEITENNIVEAU   **19**

FORMULIER ACTIVITEITENPLANNER (VERVOLG)

Datum: **Activiteit**   **Stemming**

Ochtend

Middag

Avond

Datum: **Activiteit**   **Stemming**

Ochtend

Middag

Avond

Datum: **Activiteit**   **Stemming**

Ochtend

Middag

Avond

Datum: **Activiteit**   **Stemming**

Ochtend

Middag

Avond

Activiteit: vul hieronder in wat u in de ochtend, middag en avond hebt gedaan.
Stemming: vul hier in wat voor effect de activiteit had op uw stemming (0 = heel erg somber, 10 = helemaal niet somber).

FORMULIER PLEZIERIGE/DAGELIJKSE ACTIVITEITEN

Activiteit

1. ....

2. ....

3. ....

4. ....

5. ....

6. ....

7. ....

8. ....

9. ....

10. ....

11. ....

12. ....

13. ....

14. ....

15. ....

NB Vul (dagelijkse) activiteiten in die al het kleinste beetje voldoening kunnen geven.
Voorbeelden zijn: koffiezetten, muziek luisteren, tien minuten wandelen enzovoort.

Zitting 3 – Planning van activiteiten & registratie

Datum: _____

Agenda

- De therapeut zal vragen naar uw stemming
- Uw huiswerkopdracht zal worden besproken
- Bespreken van de activiteiten die voor u plezierig zijn of waren aan de hand van het formulier Plezierige/dagelijkse activiteiten
- Het huiswerk voor de volgende zitting wordt besproken
- Nabespreken van de zitting

Belangrijke punten tijdens de zitting

_____
_____
_____
_____
_____
_____
_____
_____
_____

Huiswerk voor de volgende keer

- Potentieel plezierige/dagelijkse activiteiten inplannen op de Activiteitenplanner
- Het bijhouden van de Activiteitenplanner

Punten om te onthouden

_____
_____
_____
_____
_____
_____
_____
_____

FORMULIER ACTIVITEITENPLANNER

Datum: **Activiteit**   **Stemming**

Ochtend

Middag

Avond

Datum: **Activiteit**   **Stemming**

Ochtend

Middag

Avond

Datum: **Activiteit**   **Stemming**

Ochtend

Middag

Avond

Datum: **Activiteit**   **Stemming**

Ochtend

Middag

Avond

Activiteit: vul hieronder in wat u in de ochtend, middag en avond hebt gedaan.
Stemming: vul hier in wat voor effect de activiteit had op uw stemming (0 = heel erg somber, 10 = helemaal niet somber).

FASE 1: VERANDEREN VAN HET ACTIVITEITENNIVEAU

FORMULIER ACTIVITEITENPLANNER (VERVOLG)

Datum: **Activiteit**   **Stemming**

Ochtend

Middag

Avond

Datum: **Activiteit**   **Stemming**

Ochtend

Middag

Avond

Datum: **Activiteit**   **Stemming**

Ochtend

Middag

Avond

Datum: **Activiteit**   **Stemming**

Ochtend

Middag

Avond

Activiteit: vul hieronder in wat u in de ochtend, middag en avond hebt gedaan.
Stemming: vul hier in wat voor effect de activiteit had op uw stemming (0 = heel erg somber, 10 = helemaal niet somber).

Zitting 4 – Planning activiteiten, registratie en leefstijl

Datum: _____

Agenda

- De therapeut zal vragen naar uw stemming
- Uw huiswerkopdracht zal worden besproken
- Stilstaan bij uw leefstijl
- 'Afsluiten' fase 1: Activiteitenplanner
- Volgende keer evaluatie in verband met gesprek 5
- Het huiswerk voor de volgende zitting wordt besproken
- Nabespreken van de zitting

Belangrijke punten tijdens de zitting

___

Huiswerk voor de volgende keer

- Bijhouden van de Activiteitenplanner
- Lezen van de tekst over *Leefstijladviezen*
- Volgende keer evaluatie in verband met gesprek 5: nadenken over het verloop tot nu toe.

Punten om te onthouden

___

FASE 1: VERANDEREN VAN HET ACTIVITEITENNIVEAU

FORMULIER ACTIVITEITENPLANNER

Datum: **Activiteit**   **Stemming**

Ochtend

Middag

Avond

Datum: **Activiteit**   **Stemming**

Ochtend

Middag

Avond

Datum: **Activiteit**   **Stemming**

Ochtend

Middag

Avond

Datum: **Activiteit**   **Stemming**

Ochtend

Middag

Avond

Activiteit: vul hieronder in wat u in de ochtend, middag en avond hebt gedaan.
Stemming: vul hier in wat voor effect de activiteit had op uw stemming (0 = heel erg somber, 10 = helemaal niet somber).

FORMULIER ACTIVITEITENPLANNER (VERVOLG)

Datum:　　　**Activiteit**　　　　　　　　　　　　　　　**Stemming**

Ochtend

Middag

Avond

Datum:　　　**Activiteit**　　　　　　　　　　　　　　　**Stemming**

Ochtend

Middag

Avond

Datum:　　　**Activiteit**　　　　　　　　　　　　　　　**Stemming**

Ochtend

Middag

Avond

Datum:　　　**Activiteit**　　　　　　　　　　　　　　　**Stemming**

Ochtend

Middag

Avond

Activiteit: vul hieronder in wat u in de ochtend, middag en avond hebt gedaan.
Stemming: vul hier in wat voor effect de activiteit had op uw stemming (0 = heel erg somber, 10 = helemaal niet somber).

Leefstijladviezen

Slaaphygiëne

Instructies over gezonde slaapgewoonten komen in bijna elke behandeling aan de orde en gaan vaak samen met voorlichting over de slaap. De instructies zijn erop gericht de randvoorwaarden voor gezond slapen te optimaliseren. Behalve advies over het gebruik van koffie, alcohol, voeding en beweging worden adviezen opgesteld op grond van uw persoonlijke situatie en leefgewoonten. Een van de belangrijke oorzaken van slapeloosheid is een slechte slaaphygiëne als gevolg van ongezonde leefgewoonten.

Algemene adviezen voor een gezonde slaap (gebaseerd op gegevens van ConsuMed)

SLAAPGESTUURD SLAPEN

- Slaap zo min mogelijk overdag. Te veel tijd in bed leidt namelijk tot een oppervlakkige en onderbroken slaap.
- Slaap in bed, niet op de bank.
- Als u toch een dutje overdag doet, houd dit dan kort (max. 20 minuten).
- Slaap niet meer dan u daadwerkelijk nodig hebt.
- Zorg voor een vast ritueel rond het slapengaan.
- Ga naar een andere kamer wanneer u nerveus wordt omdat u niet kunt inslapen. Vaak heeft het geen zin om inspanningen te doen om in slaap te komen.
- Minimaliseer de hoeveelheid licht vanaf twee uur voor het slapengaan.
- Wanneer u veel piekert in bed, dan kunt u overwegen om 's avonds voordat u gaat slapen een 'piekeruurtje' in te lassen. De noodzaak tot nadenken is dan verdwenen op het moment dat u naar bed gaat.

REGELMATIG DAG-EN-NACHTRITME

- Houd zo veel mogelijk vaste tijden aan voor opstaan en naar bed gaan. Vaak leidt opstaan op een vaste tijd automatisch tot regelmaat bij het naar bed gaan.

GOEDE SLAAPOMGEVING

- Gebruik de slaapkamer uitsluitend om in te slapen (niet voor werk).
- Zorg voor een voldoende geventileerde en verduisterde slaapkamer.
- Zorg voor de juiste temperatuur in de slaapkamer (wanneer het te warm of te koud is, kan dit de slaap verstoren).
- Houd de wekker niet in de gaten, verwijder deze zo nodig uit de kamer.

GEMATIGDE VOEDINGS- EN DRINKGEWOONTEN

- Vermijd roken en cafeïne (koffie, thee, chocola) in de avonduren, aangezien hierin opwekkende stoffen zitten.
- Vermijd zwaar tafelen binnen vier uur voor het slapen.
- Wees zeer matig met alcohol, aangezien dit de tweede helft van de nacht de slaap verstoort.
- Combineer alcohol niet met slaapmiddelen of antidepressiva.

JUISTE LICHAAMSBEWEGING

- Vermijd zware lichamelijke en geestelijke inspanning in de avond.
- Zorg voor regelmatig (ca. 3-4 x per week) voldoende (20-60 minuten) lichaamsbeweging (o.a. wandelen, sporten, hometrainer). Dit verlaagt het gemiddelde stressniveau (zie 'Lichaamsbeweging'). Dagelijkse lichaamsbeweging in de ochtend of vroege middag verbeteren de slaap.

Lichaamsbeweging

De klachten behorend bij een depressie (vermoeidheid, gebrek aan energie en vitaliteit, slecht slapen, pijnlijke spieren en weerzin tegen iedere vorm van activiteit) nodigen niet uit om te gaan bewegen. Toch wordt in wetenschappelijk onderzoek steeds weer aangetoond dat lichamelijke activiteit effectief kan zijn tegen depressieve klachten. Bovendien wordt de kans op het krijgen van hart- en vaatziekten, botontkalking, overgewicht, suikerziekte, hoge bloeddruk minder als u beweegt.
De activiteiten die het meeste effect hebben, zijn activiteiten die het uithoudingsvermogen vergroten, zoals hardlopen, joggen, wandelen, fietsen, schaatsen en zwemmen.

POSITIEVE EFFECTEN:

- afname van angst;
- afname van spierspanning;
- het doorbreken van de vicieuze cirkel waar u zich in bevindt;
- een zeker gevoel van fitheid kan bijdragen aan een positiever zelfbeeld;
- bij groepssporten ontstaat een saamhorigheidsgevoel;
- het gevoel van welbevinden kan een gunstig effect hebben op de dagelijkse activiteiten en ook op de gedachten die iemand heeft;
- op de langere termijn stemmingsverbetering.

Daarnaast werkt lichaamsbeweging ontspannend, verhoogt zij het vertrouwen in eigen capaciteiten, maakt zij stoffen aan in de hersenen die positief kunnen werken op de depressieve stemming en zorgt lichaamsbeweging voor afleiding.
Sporten die bij u passen verdienen de voorkeur boven nieuw te leren sporten. Groepsgewijs sporten heeft enkele voordelen boven alleen sporten: je bent sneller geneigd om te gaan, er is (meer) sociaal contact en er is vaak een meer systematische opbouw van de oefeningen.
Concluderend kan worden gesteld dat bewegen, indien juist opgebouwd, een belangrijke bijdrage kan leveren aan zowel de lichamelijke als psychische gezondheid. Psychische verbeteringen bestaan vooral door een afname van angstgevoelens en depressie, en een toename in de capaciteit om met stress om te gaan. Wel moet worden gezegd dat ondanks deze positieve effecten het risico bestaat dat mensen voortijdig opgeven.
Een gezondheidseffect treedt op bij 2-3 keer in de week (of meer) bewegen op 60-80% van de maximale hartslag (220-leeftijd = maximale hartslag) en een duur van 20-60 minuten (afhankelijk van het wel/niet doen van een warming-up/cooling-down). Het is echter niet aannemelijk dat hieraan al in de eerste weken kan worden voldaan. Pas op voor het te hard van stapel lopen: lichamelijke uitputting kan gevoelens van neerslachtigheid versterken en ook bestaat het risico op overbelasting. Van belang is daarom de lichamelijke activiteit goed op te bouwen.
Bron: Depressie en sportief bewegen, 1996.

Ontspanning

Om te kunnen ontspannen is een juiste manier van ademhalen noodzakelijk. De beste manier is de buikademhaling. Oefen deze dagelijks, liefst meerdere malen per dag. Laat de ontspanningsoefeningen altijd voorafgaan door enkele ademhalingsoefeningen.
1 Ga zo gemakkelijk mogelijk liggen.
2 Sluit uw ogen.
3 Leg uw handen op uw buik; zo kunt u goed voelen hoe uw buik op en neer gaat.
4 Adem in door uw buik uit te zetten.
5 Adem uit en voel met uw handen dat uw buik weer platter wordt.
6 Adem in en tel in gedachten (eenentwintig, tweeëntwintig, enzovoort).
7 Adem uit, en tel in gedachten even ver als bij het inademen.
8 Neem een pauze die even lang duurt als het in- of uitademen; tel in gedachten.
9 Begin dan weer met inademen en tellen; herhaal de oefening enige keren.

Ook op internet zijn verschillende ontspanningsoefeningen te vinden en te downloaden. Zo staan op de site van GGZ Drenthe meerdere oefeningen onder 'service' en vervolgens onder 'ontspanningsoefeningen'.

Voeding

Gezond eten levert een belangrijke bijdrage aan een gezond leven. Het verkleint het risico op chronische ziekten, zoals hart- en vaatziekten en diabetes. Een gezond eetpatroon en beweegpatroon is ook de basis voor een gezond gewicht. In het algemeen geldt een gevarieerd eetpatroon met weinig verzadigd vet en volop groente en fruit als gezond.

Overgewicht is een groeiend probleem in Nederland, zowel bij mannen als bij vrouwen, zowel bij volwassenen als bij kinderen. Ongeveer veertig procent van de bevolking is zwaarder dan gezond voor hem/haar is. De belangrijkste oorzaak van overgewicht is een verstoorde balans tussen energieverbruik (bewegen/sporten) en energie-inname (via eten en drinken). Door gezond te eten en voldoende te bewegen kunt u overgewicht voorkomen en tegengaan.

Het Voedingscentrum heeft de Schijf van Vijf ontwikkeld om elke dag gezond, lekker en veilig te eten.

DE VIJF REGELS VAN DE SCHIJF VAN VIJF

1 Eet gevarieerd
2 Eet niet te veel
3 Gebruik minder verzadigd vet
4 Eet volop groente, fruit en brood
5 Ga veilig met voedsel om
Bron: Voedingscentrum

Roken

Dat roken ongezond is, is algemeen bekend. Roken is de leefstijlfactor die het meest bijdraagt aan de sterfte in Nederland. Roken kan leiden tot een slechte conditie, hart- en vaatziekten en kanker.

De verslavende stof in tabak is nicotine. Deze stof prikkelt het zenuwstelsel. Dit is al na ongeveer zeven seconden te merken. Nicotine zorgt ervoor dat hersencellen inkrimpen, waardoor rokers zich rustiger voelen. Daarnaast vernauwt nicotine de bloedvaten, waardoor het bloed langzamer gaat stromen.

Een roker die stopt, is de nicotineverslaving na ongeveer een week kwijt. Wat overblijft, is de geestelijke afhankelijkheid van het roken. Sommige rokers missen het roken nog veel in bepaalde situaties, zoals tijdens het drinken van alcohol of na het eten. Uit onderzoek blijkt dat wie wil stoppen met roken, meer kans van slagen heeft als daarbij hulpmiddelen worden gebruikt.
Bron: Stivoro

Alcohol

Alcohol is een genotmiddel dat vanzelfsprekend is in onze maatschappij. Een feestje zonder alcohol is voor veel mensen ondenkbaar. Mensen drinken alcohol, omdat ze het lekker en gezellig vinden. De kunst is om verstandig met alcohol om te gaan: gebruik het met mate.
Of iemand nu bier, wijn of sterke drank drinkt, de werking ervan is in principe hetzelfde. De alcohol die het lichaam binnenkomt, wordt vrijwel direct in het bloed opgenomen. Het eerst waarneembare effect treedt op als de alcohol de hersenen bereikt, dit bemoeilijkt de concentratie. Uiteindelijk kan alcohol zelfs leiden tot bewusteloosheid.
De gevolgen van het drinken van te veel alcohol zijn divers. Alcohol richt bijvoorbeeld blijvende schade aan in hersenen, hart, maag, lever en slokdarm. Anderzijds beïnvloedt het drinken van te veel alcohol ook het sociale leven, sommige mensen worden bijvoorbeeld agressief van te veel alcohol. Ook is bekend dat gebruik van alcohol de volgende dag de bij depressie toch al sombere stemming kan versterken.
Bron: Trimbos-instituut, Utrecht

Fase 2 : Het herkennen van gedachten die depressief maken

Zitting 5 – Introductie cognitieve therapie

Datum: _____

Agenda

- De therapeut zal vragen naar uw stemming
- Evaluatiemoment in verband met gesprek 5 en de overgang naar de tweede fase in de behandeling
- Uw huiswerkopdracht zal worden besproken (kort)
- De therapeut zal u uitleg geven over wat cognitieve therapie inhoudt
- Aan de hand van een voor u betekenisvolle gebeurtenis zal de theorie verder duidelijk worden gemaakt
- De therapeut geeft u uitleg over het registeren van uw gedachten
- Het huiswerk voor de volgende zitting wordt besproken
- Nabespreken van de zitting

Belangrijke punten tijdens de zitting

_____
_____
_____
_____
_____
_____
_____
_____
_____
_____
_____
_____
_____
_____

Huiswerk voor de volgende keer

- Lezen van de tekst *Cognitieve therapie* en *Cognitieve therapie deel 1*
- U vult deze week ten minste drie keer een 'gedachtedagboek' in.

Punten om te onthouden

Informatie cognitieve therapie[1]

Gedachten

Mensen met een depressie hebben vaak negatieve ideeën. Over zichzelf (bijvoorbeeld 'ik kan helemaal niks'), over de toekomst (bijvoorbeeld 'in mijn leven zal er altijd iets mis gaan') of over de wereld (bijvoorbeeld 'er is alleen maar ellende op de wereld'). Daarnaast hebben veel depressieve mensen het idee dat ze het allemaal niet aan kunnen, dat ze tekortschieten, of dat ze allerlei dingen moeten doen waar ze eigenlijk geen zin in hebben. Al deze ideeën zijn in feite gedachten die spontaan opduiken, waar mensen zich vaak niet eens van bewust zijn.

Het hebben van deze negatieve gedachten verergert de depressie, omdat mensen deze gedachten voor waar aannemen. Omgekeerd veroorzaakt de depressie zelf ook weer negatieve gedachten, waardoor men in een vicieuze cirkel terechtkomt, zoals we al eerder hebben gezien. Bovendien blijken deze negatieve gedachten vaak niet logisch en niet altijd waar. Mensen met een depressie zijn bijvoorbeeld erg gevoelig voor negatieve informatie (ze vatten bijvoorbeeld kritiek heel zwaar op), terwijl ze positieve informatie die het tegendeel kan bewijzen vaak niet toelaten (bijvoorbeeld complimenten worden 'vergeten' of weggewuifd).

Wat is cognitieve therapie?

Zoals we eerder zagen wordt depressie in stand gehouden door negatieve gedachten en een gebrek aan plezierige activiteiten, waardoor een vicieuze cirkel ontstaat. Bovendien kunnen negatieve gedachten en een gebrek aan plezierige activiteiten elkaar ook weer versterken.

---

1 Met toestemming overgenomen uit: Behandelprotocol CGT, STEPd-onderzoek, M. Huibers & H. van Teeseling, Universiteit Maastricht.

Het doel in deze behandeling is om die vicieuze cirkel te doorbreken. De behandeling berust op twee pijlers: het veranderen van gedrag en activiteit (gedragstherapie) en het veranderen van gedachten en denkpatronen (cognitieve therapie).

In eerste instantie hebt u middels gedragstherapie in kaart gebracht welke activiteiten u onderneemt, aan welke activiteiten niet meer wordt toegekomen en welke activiteiten plezier en voldoening kunnen geven. Vervolgens hebben we gekeken hoe de negatieve spiraal van inactiviteit doorbroken kan worden: welke plezierige activiteiten kunnen opgezocht of uitgebreid worden, wat zou daarvan het effect zijn, welke obstakels zijn er te verwachten?

Het volgende onderdeel heet cognitieve therapie, dit betekent dat we uw negatieve gedachten in kaart gaan brengen. Dat begint met het leren herkennen van zulke gedachten. Daarna wordt onderzocht in welke mate die negatieve gedachten eigenlijk kloppen: welk bewijs is er dat de gedachte echt waar is, wat is het effect van zulke negatieve gedachten, zijn er ook alternatieven te bedenken?

Het veranderen van gedrag en denken wordt tijdens de therapie in elkaar gevlochten. Door het gedrag te veranderen (meer plezierige activiteit) verbetert de stemming en verminderen de negatieve gedachten. Het werkt ook andersom: door de negatieve gedachten te veranderen, verbetert de stemming en krijgt men weer zin om leuke dingen te ondernemen. Het is zelfs bekend dat cognitieve gedragstherapie ervoor kan zorgen dat het gebrek aan serotonine en noradrenaline wordt opgeheven. Op deze manier wordt de vicieuze cirkel van negatieve gedachten, verminderde plezierige activiteiten en een sombere stemming doorbroken.

NB De cognitieve therapie in deze behandeling is met name gebaseerd op het model van Beck (1967) en Beck e.a. (1979) zoals hierboven beschreven is. Daarnaast is voor de uitwerking van het model ook literatuur geraadpleegd van onder andere Beck (1995), Boelens & Bloedjes (2004), Bögels & Van Oppen (1999) en Walen e.a. (2006).

In dit *Werkboek* is een registratieformulier opgenomen voor het bijhouden van gedachten (het Gedachtedagboek). Hieronder willen wij u iets uitleggen over cognitieve therapie en over het invullen van het Gedachtedagboek. Deze tekst dient alleen als een extra ondersteuning. De daadwerkelijke begeleiding wordt door uw therapeut gegeven.

De toepassing van cognitieve therapie bestaat uit drie delen.

Deel 1 houdt in dat u zich bewust gaat worden van uw automatische gedachten. Om deze in kaart te brengen wordt het registratieformulier Gedachtedagboek gebruikt. Hieronder wordt beschreven hoe u dit moet invullen. Als u de eerste situaties met behulp van het registratieformulier hebt beschreven en hiermee de nodige ervaring hebt opgedaan, volgt Deel 2.

In Deel 2 wordt u gevraagd uw disfunctionele/negatieve automatische gedachten verder te onderzoeken om u bewust te worden van de automatische gedachten en opvattingen die daaronder liggen. Wanneer u dit goed af gaat, volgt Deel 3.

Deel 3 houdt in dat u de disfunctionele/negatieve automatische gedachten en opvattingen gaat uitdagen en dat u nagaat of er betere alternatieven voor de gedachten en opvattingen mogelijk zijn.

Cognitieve therapie Deel 1

Het bijhouden van gedachten

Het eerste doel van het invullen van het Gedachtedagboek is om situaties die u als vervelend of problematisch ervaart te onderzoeken.
Sommige situaties leiden tot negatieve gedachten en negatieve gedachten leiden weer tot nare gevoelens (een sombere stemming). Zoals u gelezen hebt is het in eerste instantie belangrijk om te achterhalen wat uw negatieve gedachten precies zijn. U gaat dit doen met behulp van het Gedachtedagboek waarbij u gevraagd wordt onderscheid te maken tussen *situatie, gedachten, gevoelens* en *gedrag*. Door te leren deze te onderscheiden, kunt u in een later stadium beter uw negatieve gedachten veranderen en daarmee uw gevoel positief beïnvloeden (het uiteindelijke doel).

SITUATIE

Geef een korte beschrijving van de situatie. Belangrijk is dat de situatie waarneembaar is (alsof u er door een camera naar kijkt). Het zijn feiten die te observeren zijn, dus zonder uw eigen interpretatie erbij.
Voorbeeld: 'ik ben alleen thuis en kijk naar het journaal op tv' of 'ik sta in een rij in de supermarkt'. Een lichamelijke reactie kan ook een situatie zijn. Voorbeeld: 'mijn hart ging sneller kloppen.'

AUTOMATISCHE GEDACHTE

Automatische gedachten zijn vaak te snelle/niet-kloppende conclusies die u trekt over de situatie. Het automatische ervan betekent dat dit meestal onbewust gaat, dus zonder dat u dit zelf door hebt. Het helpt om achteraf de situatie opnieuw in gedachten te nemen en vervolgens na te gaan wat er allemaal aan gedachten door uw hoofd ging.

Het is soms lastig om de meest negatieve automatische gedachten te achterhalen. Het daadwerkelijk opschrijven van deze gedachten kan soms behoorlijk confronterend zijn. Aangezien deze gedachten echter invloed hebben op uw gevoel, is het belangrijk deze negatieve automatische gedachten wél te achterhalen.

Let erop dat u bij het invullen van uw gedachten *geen vragen* noteert, maar een bewering. Een vraag leidt namelijk niet tot het negatieve gevoel. Het antwoord daarop echter wel.
Dus niet: 'zou zij wel met mij naar de film willen?'
Maar wel: 'zij wil vast niet met mij naar de film.'
Door antwoord te geven op de vraag, krijgt u de bewering waarnaar we op zoek zijn.

Probeer bij het noteren van de gedachten stellig en ongenuanceerd te zijn. We zijn op zoek naar het ergste dat u zich in die situatie bedenkt, omdat juist dit (het ergste/de ramp) het meest verantwoordelijk is voor uw nare gevoel.
Dus liever niet: '*misschien* wil zij niet met mij naar de film.'
Maar bijvoorbeeld: 'als zij niet met mij naar de film wil, dan betekent dit dat zij mij afwijst.'

Een gedachte kan ook een beeld zijn over hoe de situatie afloopt. In dat geval beschrijft u het beeld dat in u opkomt.

Een manier om te controleren of u de belangrijkste gedachten hebt opgeschreven, is te kijken welke gevoelens u hebt opgeschreven. U controleert of u bij de gevoelens die u hebt opgeschreven ook een passende gedachte hebt geformuleerd. Bij ieder genoteerd gevoel passen namelijk één of meer gedachten.

GEVOEL

Bij gevoel noteert u wat u in de beschreven situatie voelde, dus welke emotie(s) in de situatie op de voorgrond stond(en). Het gaat bijna altijd om één of meer van de vier basisemoties (de 4 B's):
- bang;
- blij;
- boos;
- bedroefd.

NB Gedachten en gevoelens worden vaak gemakkelijk door elkaar gehaald.
Voorbeeld: 'ik voel me onrechtvaardig behandeld.' Dit lijkt een gevoel, maar is een automatische gedachte. De automatische gedachte is: 'ik word onrechtvaardig behandeld.' Het gevoel is bijvoorbeeld: boos en/of bedroefd.

Onderzoek ten slotte of de automatische gedachten die u genoteerd hebt, overeenkomen met het gevoel dat/de gevoelens die u onder Gevoel hebt genoteerd. Is dat niet het geval, dan kan het zo zijn dat het genoteerde gevoel niet correct of volledig is of dat de gedachten die u genoteerd hebt niet correct of volledig zijn.

GEDRAG

Beschrijf hier wat uw reactie is op de automatische gedachten die u hebt opgeschreven.
Dus: wat doet u? Soms kan het zijn dat u niets anders doet dan doorgaan met waar u mee bezig was. Ook dat is een reactie. Beschrijf dan waar u mee bezig was. Dit onderdeel is van belang om meer inzicht te krijgen in waar uw gedachten toe leiden en hoe u daarmee omgaat.

Voorbeeld
Beschrijving van situatie, gevoel, automatische gedachten en het gevolg.

Situatie:	Ik lig 's ochtends in bed en moet naar mijn werk.
Gedachten:	'Ik ben moe.' 'Als ik moe ben, zal ik mijn werk niet goed doen.'
Gevoel :	Bang (gespannen, nerveus).
Gedrag:	Ik meld me ziek.

GEDACHTEDAGBOEK

SITUATIE	AUTOMATISCHE GEDACHTE(N)	GEVOEL	GEDRAG
Waar ben ik? Wat gebeurt er?	Wat denk ik?	Wat voel ik?	Wat doe ik?

GEDACHTEDAGBOEK

SITUATIE	AUTOMATISCHE GEDACHTE(N)	GEVOEL	GEDRAG
Waar ben ik? Wat gebeurt er?	Wat denk ik?	Wat voel ik?	Wat doe ik?

Zitting 6 – Registratie automatische gedachten

Datum: _____

Agenda

- De therapeut zal vragen naar uw stemming
- Samen met de therapeut bespreekt u de belangrijkste elementen van de vorige zitting en de leestekst *Cognitieve therapie*
- Uw huiswerkopdracht zal worden besproken
- Samen zoeken naar gedachten die typerend voor u zijn
- Het huiswerk voor de volgende zitting wordt besproken
- Nabespreken van de zitting

Belangrijke punten tijdens de zitting

Huiswerk voor de volgende keer

- U vult deze week ten minste drie keer het Gedachtedagboek in; hierbij noteert u nu ook de geloofwaardigheid van de gedachten

Punten om te onthouden

FASE 2 : HET HERKENNEN VAN GEDACHTEN DIE DEPRESSIEF MAKEN

GEDACHTEDAGBOEK

SITUATIE	AUTOMATISCHE GEDACHTE(N)	GEVOEL	GEDRAG
Waar ben ik? Wat gebeurt er?	Wat denk ik? Geloofwaardigheid (0-100%)	Wat voel ik?	Wat doe ik?

GEDACHTEDAGBOEK

GEDACHTEDAGBOEK

SITUATIE	AUTOMATISCHE GEDACHTE(N)	GEVOEL	GEDRAG
Waar ben ik? Wat gebeurt er?	Wat denk ik? Geloofwaardigheid (0-100%)	Wat voel ik?	Wat doe ik?

Zitting 7 – Registratie automatische gedachten en leefregels

Datum: _____

Agenda

- De therapeut zal vragen naar uw stemming
- Samen met de therapeut bespreekt u de belangrijkste elementen van de vorige zitting
- Uw huiswerkopdracht zal worden besproken
- De therapeut geeft uitleg over leefregels
- Samen onderzoeken wat mogelijk leefregels of typerende gedachten van u zouden kunnen zijn
- Het huiswerk voor de volgende zitting wordt besproken
- Nabespreken van de zitting

Belangrijke punten tijdens de zitting

_____
_____
_____
_____
_____
_____
_____
_____
_____
_____

Huiswerk voor de volgende keer

- Lezen van Cognitieve therapie deel 2 - Leefregels
- Oefen deze week ten minste drie keer het achterhalen van de leefregels door het bijhouden van het Gedachtedagboek

Punten om te onthouden

_____
_____
_____
_____

Cognitieve therapie deel 2

Het achterhalen van negatieve gedachten - Leefregels

De volgende stap in de cognitieve therapie is het achterhalen van leefregels. In Deel 1 hebt u geleerd onderscheid te maken tussen situatie, gedachten, gevoelens en gedrag, uw automatische gedachten te achterhalen, uw gevoel te verwoorden en ten slotte uw reactie hierop te herkennen. We gaan nu een stap verder in het onderzoeken van uw automatische gedachten.

Kunt u een patroon ontdekken in uw gedachten? Zijn er gedachten die vaak voorkomen? Mogelijk bent u dan een *leefregel* van uzelf op het spoor, die vaak uw stemming bepaalt.

U kunt leefregels als volgt ontdekken:
- u probeert uzelf een beeld te vormen van het ergste dat u in die situatie zou kunnen overkomen;
- u gaat bij iedere automatische gedachte na wat er zo erg is aan deze gedachte.

U doet dit door uzelf af te vragen: *'Wat is hier het allerergste aan?'*
Deze vraag stelt u zich steeds weer bij ieder antwoord dat bij u opkomt. Ieder antwoord wordt als een nieuwe automatische gedachte genoteerd. U krijgt hiermee een reeks van automatische gedachten, die iets zeggen over de manier waarop u tegen uzelf, anderen en de toekomst aankijkt.

Voorbeeld

Gedachte:	'Ik ben moe'
Vraag:	Wat is hier het allerergste aan?
Gedachte:	'Als ik moe ben, kan ik mijn werk niet goed doen'
Vraag:	'Wat is er het allerergste aan als ik mijn werk niet goed doe?'
Gedachte:	'Dat ik fouten maak'
Vraag:	'Wat is het allerergste aan fouten maken?'
Gedachte:	'Als ik een fout maak, dan krijg ik een slechte beoordeling'
Vraag:	'Wat is het allerergste aan een slechte beoordeling?'
Gedachte:	'Dan word ik misschien wel ontslagen'

De gedachte 'ik mag geen fouten maken', die in bovenstaand voorbeeld een rol speelt, is waarschijnlijk een leefregel. Je kunt je werk niet altijd foutloos doen, dus het vasthouden aan deze gedachte zal je eerder depressief maken dan wanneer je als leefregel hebt dat je vindt dat je wel eens een fout mag maken, of wanneer je bijvoorbeeld vindt dat je van fouten kunt leren.

GEDACHTEDAGBOEK

SITUATIE	AUTOMATISCHE GEDACHTE(N)	GEVOEL	GEDRAG
Waar ben ik? Wat gebeurt er?	Wat denk ik? Geloofwaardigheid (0-100%)	Wat voel ik?	Wat doe ik?

GEDACHTEDAGBOEK

SITUATIE	AUTOMATISCHE GEDACHTE(N)	GEVOEL	GEDRAG
Waar ben ik? Wat gebeurt er?	Wat denk ik? Geloofwaardigheid (0-100%)	Wat voel ik?	Wat doe ik?

GEDACHTEDAGBOEK

Fase 3: Verandering van negatieve gedachten in helpende gedachten

Zitting 8 – Introductie uitdagen van gedachten

Datum: _____

Agenda

- De therapeut zal vragen naar uw stemming
- Uw huiswerkopdracht zal worden besproken
- Introductie van het 'uitdagen' van negatieve automatische gedachten
- Oefenen van het 'uitdagen' aan de hand van een dagboekformulier
- Het huiswerk voor de volgende zitting wordt besproken
- Nabespreken van de zitting

Belangrijke punten tijdens de zitting

_____
_____
_____
_____
_____
_____
_____
_____
_____
_____
_____
_____
_____

Huiswerk voor de volgende keer

- Lezen van Cognitieve therapie deel 3
- U vult deze week ten minste drie keer het Gedachtedagboek in. U oefent met name het uitdagen van gedachten met behulp van kritische vragen (zoals dit in de zitting is geoefend).

Punten om te onthouden

_____
_____
_____
_____
_____
_____
_____
_____
_____

COGNITIEVE THERAPIE DEEL 3

Uitdagen - Kritische vragen

Tot nog toe bent u bezig geweest met het herkennen en onderzoeken van uw gedachten. Nu u hiermee voldoende hebt geoefend, gaat u vanaf nu oefenen met het realistischer maken van uw gedachten. U zult met een ander Gedachtedagboek gaan werken en waarin u gevraagd wordt ook *kritische vragen*, een *rationele gedachte* en een *gevolg* in te vullen. Dit zal eerst tijdens de zitting worden geoefend.

KRITISCHE VRAGEN

Over iedere automatische gedachte gaat u kritische vragen stellen. Met deze vragen onderzoekt u hoe *waar* deze gedachte is, hoe *behulpzaam* deze gedachte is om uw probleem op te lossen en hoe *geloofwaardig* de automatische gedachte is.

Kritische vragen die u kunt stellen zijn de volgende.

1. Helpt deze gedachte mij om mijn probleem op te lossen of mijn doel te bereiken?
2. Is deze gedachte waar/wat zijn de bewijzen voor deze gedachte (net als in een rechtbank)?
3. Vergeet ik niet naar de positieve kanten te kijken?
4. Wat zou een ander denken in mijn situatie?

Op iedere kritische vraag formuleert u een antwoord.

RATIONELE GEDACHTE

Automatische gedachten zijn gedachten waarover we niet goed hebben nagedacht, waardoor we vaak te snel conclusies trekken of de verkeerde conclusies. Rationele gedachten daarentegen zijn realistische gedachten.

Door het stellen van de kritische vragen hebt u kritisch nagedacht en onderzocht of de automatische gedachten logisch voortvloeien uit wat er is gebeurd, de feiten. Vaak blijkt dit niet het geval te zijn. Een andere gedachte zal dan passender zijn. Dit is de rationele of helpende gedachte.

Met andere woorden: door het stellen van kritische vragen zult u zeer waarschijnlijk een andere of een meer genuanceerde conclusie trekken over de situatie. Deze nieuwe conclusie is de rationele of helpende gedachte.

Belangrijk hierbij is dat deze rationele gedachte geloofwaardig is en minder negatieve gevoelens oproept dan de automatische gedachte. Schrijf deze helpende gedachte in de kolom Rationele gedachte en vergelijk deze met de automatische gedachte. Welke is geloofwaardiger?

GEVOLG

U geeft het resultaat aan van de kritische vragen en de rationele gedachte. U doet dit door twee cijfers te geven tussen 0 en 100.

Met het eerste cijfer geeft u aan hoe geloofwaardig de automatische gedachte nu is. Honderd is hierbij volstrekt geloofwaardig, nul is volstrekt niet geloofwaardig.

Met het tweede cijfer geeft u aan hoe sterk uw oorspronkelijke gevoel nu is. Honderd staat gelijk aan het allersterkste gevoel dat u hebt meegemaakt, bij nul hebt u dat gevoel helemaal niet meer.

Voorbeeld Uitdagen

Het uitdagen wordt gedaan door over iedere automatische gedachte of opvatting kritische vragen te stellen. In onderstaand voorbeeld werken we één gedachte uit.

Situatie:	ik lig 's ochtends in bed, ik heb erg slecht geslapen en ik moet naar mijn werk
Automatische gedachte:	'als ik moe ben, kan ik mijn werk niet goed doen' (90)
	'als ik mijn werk niet goed doe, ben ik een slechte werknemer' (85)
Gevoel:	gespannen (80)
Kritische vragen:	1. *Helpt deze gedachte mij om mijn probleem op te lossen of mijn doel te bereiken?* Nee.
	2. *Is deze gedachte waar/wat zijn de bewijzen voor deze gedachte (net als in een rechtbank)?* Ik ben wel minder geconcentreerd, waardoor de kans om een fout te maken toeneemt. Het is niet een hard bewijs, want ik ben vaker moe geweest en toen heb ik ook geen fouten gemaakt. Een fout betekent niet dat ik mijn totale werkzaamheden niet goed doe.

	3. Vergeet ik niet naar de positieve kanten te kijken?
	Misschien. Als ik van mezelf weet dat ik moe ben, let ik soms extra op en soms pas ik mijn werkzaamheden wat aan.
	4. Wat zou een ander denken in mijn situatie?
	Iedereen is wel eens moe. Je kunt niet van jezelf verwachten dat je altijd optimaal presteert. Als je een fout maakt wil dat nog niet zeggen dat je een slechte werknemer bent.
Rationele gedachte:	'ook als ik af en toe een fout zou maken, kan ik toch een goede werknemer zijn' (85).
Gevolg:	Automatische gedachte: 'als ik moe ben, kan ik mijn werk niet goed doen' (50)
	Gevoel: gespannen (45)

Concluderend kunnen we zeggen dat de rationele of helpende gedachte behoorlijk geloofwaardig is (85).
Het gevolg hiervan is dat de geloofwaardigheid van de automatische gedachte op dit moment gedaald is van 90 naar 50 en de gespannenheid (gevoel) gezakt is van 80 naar 45.

Door veel oefening zult u in staat zijn sneller en gemakkelijker een rationele of helpende gedachte te formuleren in verschillende situaties. Dit zal een positief gevolg hebben op uw gevoel.

FASE 3: VERANDERING VAN NEGATIEVE GEDACHTEN IN HELPENDE GEDACHTEN

GEDACHTEDAGBOEK

SITUATIE	AUTOMATISCHE GEDACHTE(N)	GEVOEL	KRITISCHE VRAGEN	RATIONELE GEDACHTE	GEVOLG
Waar ben ik? Wat gebeurt er?	Wat denk ik? Geloofwaardigheid (0-100%)	Wat voel ik? Hoe sterk (0-100%)?	Welke kritische vragen kan ik bij die gedachte stellen? Wat is het antwoord op deze kritische vragen?	Wat is een helpende gedachte? Hoe geloofwaardig is de helpende gedachte (0-100%)?	Hoe geloofwaardig is de automatische gedachte nu (0-100%)? Hoe sterk is het oorspronkelijke gevoel nu (0-100%)?

GEDACHTEDAGBOEK

SITUATIE	AUTOMATISCHE GEDACHTE(N)	GEVOEL	KRITISCHE VRAGEN	RATIONELE GEDACHTE	GEVOLG
Waar ben ik? Wat gebeurt er?	Wat denk ik? Geloofwaardigheid (0-100%)	Wat voel ik? Hoe sterk (0-100%)?	Welke kritische vragen kan ik bij die gedachte stellen? Wat is het antwoord op deze kritische vragen?	Wat is een helpende gedachte? Hoe geloofwaardig is de helpende gedachte (0-100%)?	Hoe geloofwaardig is de automatische gedachte nu (0-100%)? Hoe sterk is het oorspronkelijke gevoel nu (0-100%)?

FASE 3: VERANDERING VAN NEGATIEVE GEDACHTEN IN HELPENDE GEDACHTEN

Zitting 9 – Uitdagen van gedachten en introductie denkfouten

Datum: _____

Agenda

- De therapeut zal vragen naar uw stemming
- Uw huiswerkopdracht zal worden besproken
- Er zal worden verder gegaan met het oefenen van het uitdagen aan de hand van uw gedachtedagboeken
- De therapeut zal uitleg geven over veel voorkomende 'denkfouten'
- Het huiswerk voor de volgende zitting wordt besproken
- Nabespreken van de zitting

Belangrijke punten tijdens de zitting

_____
_____
_____
_____
_____
_____
_____
_____
_____
_____

Huiswerk voor de volgende keer

- U vult deze week ten minste drie keer het Gedachtedagboek in. U oefent met name het uitdagen van gedachten met behulp van kritische vragen
- Lezen van de tekst over *Denkfouten*
- Maken van een top 3 van uw denkfouten (zie opdracht na de tekst over Denkfouten)
- Volgende keer evaluatie in verband met gesprek 10

Punten om te onthouden

_____
_____
_____
_____
_____
_____
_____

GEDACHTEDAGBOEK

SITUATIE	AUTOMATISCHE GEDACHTE(N)	GEVOEL	KRITISCHE VRAGEN	RATIONELE GEDACHTE	GEVOLG
Waar ben ik? Wat gebeurt er?	Wat denk ik? Geloofwaardigheid (0-100%)	Wat voel ik? Hoe sterk (0-100%)?	Welke kritische vragen kan ik bij die gedachte stellen? Wat is het antwoord op deze kritische vragen?	Wat is een helpende gedachte? Hoe geloofwaardig is de helpende gedachte (0-100%)?	Hoe geloofwaardig is de automatische gedachte nu (0-100%)? Hoe sterk is het oorspronkelijke gevoel nu (0-100%)?

FASE 3: VERANDERING VAN NEGATIEVE GEDACHTEN IN HELPENDE GEDACHTEN

GEDACHTEDAGBOEK

SITUATIE	AUTOMATISCHE GEDACHTE(N)	GEVOEL	KRITISCHE VRAGEN	RATIONELE GEDACHTE	GEVOLG
Waar ben ik? Wat gebeurt er?	Wat denk ik? Geloofwaardigheid (0-100%)	Wat voel ik? Hoe sterk (0-100%)?	Welke kritische vragen kan ik bij die gedachte stellen? Wat is het antwoord op deze kritische vragen?	Wat is een helpende gedachte? Hoe geloofwaardig is de helpende gedachte (0-100%)?	Hoe geloofwaardig is de automatische gedachte nu (0-100%)? Hoe sterk is het oorspronkelijke gevoel nu (0-100%)?

Denkfouten

U kunt eventuele denkfouten die u vaak maakt, op het spoor komen door uzelf de onderstaande vragen te stellen.
NB Als u een vraag met 'ja' beantwoordt, weet u dat u een denkfout maakt.

1 *Denk ik in zwart-wittermen?*
   Het gaat heel goed of heel slecht, grijstinten negeert u. Als iets niet gaat zoals u had gepland, dan *gaat alles mis*. U weet het zeker: want het gaat toch altijd mis? U herkent deze gedachten aan dat er woorden in voorkomen als: *alles, niets, altijd, nooit, niemand* of *iedereen*.

2 *Veroordeel ik mezelf omdat ik één ding fout heb gedaan?*
   Als u iets niet goed hebt gedaan, dan vindt u zichzelf een mislukkeling die niets kan. Vorige maand hebt u vergeten iemand te bellen. *Dus u bent een onaardige persoon.* Gisterenochtend bent u in bed blijven liggen. *Dus u bent lui.*

3 *Beschuldig ik mezelf van iets waar ik geen schuld aan heb?*
   U trekt zich veel aan van zaken die niet goed gaan, ook als het dingen betreft waar u geen invloed op hebt. Zo'n sterk verantwoordelijkheidsgevoel is lastig. Het bezorgt u onterechte schuldgevoelens, zoals voor het mislukken van een familie-uitje. Is het waar dat u beter uw best had moeten doen? Of is het gewoon jammer dat het zo hard regende toen jullie op de Keukenhof waren?

4 *Vergroot ik negatieve ervaringen uit en neem ik neutrale of positieve ervaringen niet waar?*
   U richt uw aandacht op een negatief detail, waardoor alles negatief lijkt. Het enige wat u aan de appel ziet, is het rotte plekje.

5 *Stel ik onredelijk hoge eisen aan mezelf, zodat ik tekort zal schieten?*
   U verwacht van uzelf dat u altijd, dus ongeacht de situatie, honderd procent resultaat bereikt. Dit zal vrijwel zeker tot een teleurstelling leiden.

6 *Ben ik aan het 'rampdenken'?*
   U denkt dat het verschrikkelijk is als de dingen niet lopen zoals u wilt. U denkt bijvoorbeeld dat het een ramp is als u te laat komt.

7 *Onderschat ik mezelf in wat ik aankan?*
   Aan positieve voorvallen kent u geen gewicht toe, waardoor u een negatief gevoel blijft houden: 'Stom toevallig dat ik mijn rijbewijs heb gehaald ..' Gaat er eens iets goed, dan eist u de verantwoordelijkheid niet op. Bent u te bescheiden? Of durft u niet? Bent u er zozeer aan gewend dat alles fout gaat, dat u het niet eens meer ziet als de dingen wel goed gaan?

8 *Ben ik aan het 'gedachtelezen'?*
   U trekt negatieve conclusies zonder na te gaan of uw waarneming klopt. Die man in de bus die zo somber naar u keek, ziet hij aan u dat u in de problemen zit – of heeft hij net een naar bericht gekregen? De vrouw die u omverloopt in de supermarkt, heeft die het slecht met u voor – of heeft ze u niet goed gezien? U komt er niet achter, want u vraagt er niet naar. De man in de bus heeft u door en de persoon in de supermarkt wilde u iets aandoen. U weet dat zeker, want u kunt gedachtelezen.

FASE 3: VERANDERING VAN NEGATIEVE GEDACHTEN IN HELPENDE GEDACHTEN

GEDACHTEDAGBOEK

SITUATIE	AUTOMATISCHE GEDACHTE(N)	GEVOEL	KRITISCHE VRAGEN	RATIONELE GEDACHTE	GEVOLG
Waar ben ik? Wat gebeurt er?	Wat denk ik? Geloofwaardigheid (0-100%)	Wat voel ik? Hoe sterk (0-100%)?	Welke kritische vragen kan ik bij die gedachte stellen? Wat is het antwoord op deze kritische vragen?	Wat is een helpende gedachte? Hoe geloofwaardig is de helpende gedachte (0-100%)?	Hoe geloofwaardig is de automatische gedachte nu (0-100%)? Hoe sterk is het oorspronkelijke gevoel nu (0-100%)?

Denkfouten

U kunt eventuele denkfouten die u vaak maakt, op het spoor komen door uzelf de onderstaande vragen te stellen.
NB Als u een vraag met 'ja' beantwoordt, weet u dat u een denkfout maakt.

1 *Denk ik in zwart-wittermen?*
   Het gaat heel goed of heel slecht, grijstinten negeert u. Als iets niet gaat zoals u had gepland, dan *gaat alles mis*. U weet het zeker: want het gaat toch *altijd* mis? U herkent deze gedachten aan dat er woorden in voorkomen als: *alles, niets, altijd, nooit, niemand* of *iedereen*.

2 *Veroordeel ik mezelf omdat ik één ding fout heb gedaan?*
   Als u iets niet goed hebt gedaan, dan vindt u zichzelf een mislukkeling die niets kan. Vorige maand hebt u vergeten iemand te bellen. *Dus* u bent een onaardige persoon. Gisterenochtend bent u in bed blijven liggen. *Dus* u bent lui.

3 *Beschuldig ik mezelf van iets waar ik geen schuld aan heb?*
   U trekt zich veel aan van zaken die niet goed gaan, ook als het dingen betreft waar u geen invloed op hebt. Zo'n sterk verantwoordelijkheidsgevoel is lastig. Het bezorgt u onterechte schuldgevoelens, zoals voor het mislukken van een familie-uitje. Is het waar dat u beter uw best had moeten doen? Of is het gewoon jammer dat het zo hard regende toen jullie op de Keukenhof waren?

4 *Vergroot ik negatieve ervaringen uit en neem ik neutrale of positieve ervaringen niet waar?*
   U richt uw aandacht op een negatief detail, waardoor alles negatief lijkt. Het enige wat u aan de appel ziet, is het rotte plekje.

5 *Stel ik onredelijk hoge eisen aan mezelf, zodat ik tekort zal schieten?*
   U verwacht van uzelf dat u altijd, dus ongeacht de situatie, honderd procent resultaat bereikt. Dit zal vrijwel zeker tot een teleurstelling leiden.

6 *Ben ik aan het 'rampdenken'?*
   U denkt dat het verschrikkelijk is als de dingen niet lopen zoals u wilt. U denkt bijvoorbeeld dat het een ramp is als u te laat komt.

7 *Onderschat ik mezelf in wat ik aankan?*
   Aan positieve voorvallen kent u geen gewicht toe, waardoor u een negatief gevoel blijft houden: 'Stom toevallig dat ik mijn rijbewijs heb gehaald ..' Gaat er eens iets goed, dan eist u de verantwoordelijkheid niet op. Bent u te bescheiden? Of durft u niet? Bent u er zozeer aan gewend dat alles fout gaat, dat u het niet eens meer ziet als de dingen wel goed gaan?

8 *Ben ik aan het 'gedachtelezen'?*
   U trekt negatieve conclusies zonder na te gaan of uw waarneming klopt. Die man in de bus die zo somber naar u keek, ziet hij aan u dat u in de problemen zit – of heeft hij net een naar bericht gekregen? De vrouw die u omverloopt in de supermarkt, heeft die het slecht met u voor – of heeft ze u niet goed gezien? U komt er niet achter, want u vraagt er niet naar. De man in de bus heeft u door en de persoon in de supermarkt wilde u iets aandoen. U weet dat zeker, want u kunt gedachtelezen.

GEDACHTEDAGBOEK

SITUATIE	AUTOMATISCHE GEDACHTE(N)	GEVOEL	KRITISCHE VRAGEN	RATIONELE GEDACHTE	GEVOLG
Waar ben ik? Wat gebeurt er?	Wat denk ik? Geloofwaardigheid (0-100%)	Wat voel ik? Hoe sterk (0-100%)?	Welke kritische vragen kan ik bij die gedachte stellen? Wat is het antwoord op deze kritische vragen?	Wat is een helpende gedachte? Hoe geloofwaardig is de helpende gedachte (0-100%)?	Hoe geloofwaardig is de automatische gedachte nu (0-100%)? Hoe sterk is het oorspronkelijke gevoel nu (0-100%)?

GEDACHTEDAGBOEK

SITUATIE	AUTOMATISCHE GEDACHTE(N)	GEVOEL	KRITISCHE VRAGEN	RATIONELE GEDACHTE	GEVOLG
Waar ben ik? Wat gebeurt er?	Wat denk ik? Geloofwaardigheid (0-100%)	Wat voel ik? Hoe sterk (0-100%)?	Welke kritische vragen kan ik bij die gedachte stellen? Wat is het antwoord op deze kritische vragen?	Wat is een helpende gedachte? Hoe geloofwaardig is de helpende gedachte (0-100%)?	Hoe geloofwaardig is de automatische gedachte nu (0-100%)? Hoe sterk is het oorspronkelijke gevoel nu (0-100%)?

FASE 3: VERANDERING VAN NEGATIEVE GEDACHTEN IN HELPENDE GEDACHTEN   59

Zitting 11 – Introductie gedragsexperimenten

Datum: _____

Agenda

- De therapeut zal vragen naar uw stemming
- Uw huiswerkopdracht zal worden besproken
- De therapeut zal u uitleg geven over het uitvoeren van 'gedragsexperimenten'
- Samen bereidt u een haalbaar gedragsexperiment voor
- Het huiswerk voor de volgende zitting wordt besproken
- Nabespreken van de zitting

Belangrijke punten tijdens de zitting

_____
_____
_____
_____
_____
_____
_____
_____
_____
_____
_____
_____
_____
_____
_____
_____
_____

Huiswerk voor de volgende keer

- Bedenken en/of het uitvoeren van een gedragsexperiment (zie eventueel leestekst *Gedragsexperimenten – Sociale vaardigheden*)
- Registratie van het gedragsexperiment aan de hand van het formulier Gedragsexperiment

Punten om te onthouden

_____
_____
_____
_____

Gedragsexperimenten – Sociale vaardigheden

Met uw therapeut hebt u de volgende fase van de therapie besproken. U gaat uw nieuwe gedachten nu in de praktijk toetsen. Soms hebben de negatieve gedachten de vorm van een negatieve voorspelling van een gebeurtenis met anderen, bijvoorbeeld 'als ik aan mijn vriendin vraag hoe het met haar gaat, vindt ze me een bemoeial' of 'als ik naar die verjaardag toe ga, weet ik niets te zeggen'.
Bij het oefenen met een realistische gedachte en een gunstiger afloop is het handig om de onderstaande aanwijzingen in het achterhoofd te houden.

Een gesprek beginnen en op gang houden

Hieronder staan een aantal aanwijzingen, bedoeld om een gesprek goed te laten verlopen,
- Stel (open) vragen, bijvoorbeeld: wat vind je van …? Pas op met 'waarom'-vragen, omdat dit door een ander vaak wordt beleefd alsof hij 'ter verantwoording wordt geroepen'.
- Beweringen doen in plaats van vragen stellen. Dit geldt wanneer de vragen in feite verkapte boodschappen zijn. Beschuldigingen kunnen hiermee vermeden worden. Voorbeeld: in plaats van te vragen 'houd je nog van me?', kunt u zeggen 'ik mis je'.
- Naar anderen luisteren en fysiek laten zien dat u luistert (bijv. iemand aankijken).
- Zelf iets vertellen; het werkt vaak beter als u in 'ik-termen' praat in plaats van 'je'.
- Verander van onderwerp wanneer u daar behoefte aan hebt (dit is vaak moeilijk voor depressieve mensen).
- Beëindig een gesprek met bijvoorbeeld 'ik vond het leuk met je gepraat te hebben; nu ga ik even naar Hans'.

Complimenten

Hoewel veel mensen het lastig vinden om een compliment in ontvangst te nemen, vinden de meeste mensen dit toch leuk. Door het geven van een compliment of blijk van waardering aan de ander, neemt de kans toe om een positieve reactie terug te krijgen. Een oefening kan zijn om anderen een (gemeend) compliment te geven. Een andere oefening is leren om een compliment in ontvangst te nemen.

Wensen uiten

Als u een verzoek aan iemand doet, betekent dit dat u iets van iemand wilt. U wilt bijvoorbeeld iemand uitnodigen, iets lenen, met uw partner uit eten gaan of iets ruilen in een winkel. Ook kan het zijn dat u graag wilt dat iemand u aandacht en hulp geeft.
Sommige mensen hebben er moeite mee hun wensen te uiten. Vaak is het zo dat dit

dezelfde mensen zijn die zelf meestal wel klaarstaan voor anderen! Ze vinden het heel gewoon dat ze ingaan op de wensen van anderen, maar durven hun eigen wensen niet kenbaar te maken. Deze mensen zijn vaak geneigd een afwachtende en afhankelijke houding aan te nemen. Zij schikken zich naar de behoeften van anderen, laten van anderen afhangen wat er gebeurt, maar zeggen zelf niet wat ze graag willen. Onredelijke gedachten die hiermee samenhangen zijn gedachten als: 'ik ben niet belangrijk genoeg om te zeggen wat ik wil' of 'als ik een verzoek doe voor mezelf ben ik lastig en egoïstisch'. De angst dat het verzoek zal worden afgewezen speelt ook vaak een grote rol. De onredelijke gedachte die hiermee samenhangt is meestal: 'zie je wel, ze vinden me niet aardig.'

Hoewel iedereen zo nu en dan behoefte heeft aan aandacht, troost of warmte, wordt dat door veel mensen vaak niet aan de ander gevraagd. Ze hopen maar dat de ander het zal aanvoelen of ze laten hun wensen op indirecte wijze blijken. Als ze dan niet krijgen wat ze willen, voelen ze zich boos of teleurgesteld. Vaak komt het dan voor dat ze de ander verwijten maken. Maar als ze zelf hun wensen niet uiten, is het ook begrijpelijk dat anderen niet weten waar ze behoefte aan hebben.

We kunnen zeggen dat wanneer u uw wensen niet durft te uiten, op wat voor gebied dan ook, dat u zichzelf dan tekortdoet. Dat is jammer, want het gevolg is dat u uzelf regelmatig teleurgesteld, ontevreden of verongelijkt voelt. Ook weet de ander niet wat u wilt en dus kan hij daar moeilijk rekening mee houden. Wanneer u wel verzoeken durft te doen, stelt u de ander in staat meer rekening met u te houden. U kunt dan een leven leiden dat meer in overeenstemming is met uw eigen wensen en verlangens. Je zou ook kunnen zeggen dat u dan meer mogelijkheden hebt uw leven zo in te richten als u het zelf graag zou willen.

HET UITEN VAN EEN WENS IN STAPPEN

1 Ga bij uzelf na wat u van de ander wilt (schrijf dit eventueel van tevoren op).
2 Kijk de ander aan.
3 Zeg duidelijk en serieus, wat u van de ander wilt en waarom.
4 Luister naar de reactie van de ander.
5 Herhaal zo nodig uw verzoek.
(Tip: let erop hoe anderen verzoeken doen.)

OPMERKINGEN

- Het is belangrijk dat u duidelijk weet wat u van de ander wilt en dat ook duidelijk zegt. U hebt dan de meeste kans op succes. Een voorbeeld van een onduidelijk verzoek is het volgende: 'Er draait vanavond een goede film.' De ander weet niet of deze opmerking een mededeling is of een verzoek. Hetzelfde verzoek, maar dan op duidelijke wijze geformuleerd, zou als volgt kunnen luiden: 'Er draait vanavond een goede film, heb je zin om met mij mee te gaan?'
- Probeer een ander niet te dwingen uw verzoek in te willigen. Bijvoorbeeld:
A. 'Heb jij je fiets vanmiddag nodig?'
B. 'Nee.'
A. 'Dan kan ik hem zeker wel lenen?'
Minder dwingend en duidelijker zou zijn:
'Mijn fiets is kapot, kan ik die van jou vanmiddag lenen?'
Over het algemeen geldt dat u beter kunt aangeven wat voor u belangrijk is, dan dat u door argumenten de ander verplicht op uw verzoek in te gaan.
- Als de ander niet op uw verzoek ingaat, probeer dit dan te accepteren. Net zoals u het recht hebt iets te vragen, heeft de ander het recht iets te weigeren.
- Als uw verzoek erg belangrijk voor u is, herhaal het dan en zeg ook hoe belangrijk het voor u is. Bekijk eventueel samen wat wél mogelijk is, bijvoorbeeld door een deel van uw wensen te veranderen of uit te stellen.

Nee zeggen

Veel mensen hebben er moeite mee nee te zeggen als een ander iets van ze wil. Dat is ook wel begrijpelijk omdat het in onze maatschappij vaak wordt gewaardeerd als je klaar staat voor de ander en je jezelf wegcijfert. Op deze manier levert nee zeggen vaak schuld- en/of angstgevoelens op. Je bent bang dat de ander je egoïstisch zal vinden of boos op je zal worden.

Soms zeg je zelfs automatisch ja wanneer je iets wordt gevraagd, zonder er bij na te denken of je het wel echt wilt. Terwijl je wel het nee van een ander accepteert, heb je het (onredelijke) idee dat een ander jouw nee niet zal accepteren.

Als je geen nee durft te zeggen, brengt dit vaak met zich mee dat je je eigen grenzen niet weet te bewaken. Hiermee bedoelen we dat je te veel dingen tegen je zin in doet, te veel hooi op je vork neemt, te weinig aan jezelf toekomt. Kortom, je hebt het gevoel dat je door anderen wordt geleefd. Dit kan leiden tot gevoelens van irritatie, op- kroppen van boosheid, je ontevreden voelen over jezelf en op de lange duur zelfs tot symptomen als overspannenheid, depressieve klachten en angstklachten.

Deze negatieve gevolgen geven al aan waarom het zo belangrijk is wel nee te zeggen. Wanneer je zegt wat je wel en wat je niet wilt, heb je meer greep op je eigen leven en kun je je leven meer inrichten zoals jij het graag wilt. Je kunt ook zeggen dat je meer aan jezelf toekomt en je je prettiger en meer tevreden gaat voelen. Samen met 'wensen uiten' is nee zeggen een belangrijke vaardigheid in het opkomen voor uw eigen behoeften.

Wanneer u nee wilt leren zeggen is het in de eerste plaats belangrijk dat u ervan overtuigd bent dat u het recht hebt niet op andermans wensen in te gaan. Net zoals u niet verwacht dat een ander altijd zal doen wat u wilt, verwachten anderen niet dat u altijd doet wat zij willen!

We raden u dan ook aan eerst na te denken over het recht om nee te zeggen en uzelf hiervan te overtuigen voordat u zich gaat bezighouden met de leerstappen.

'NEE ZEGGEN' IN STAPPEN

1. Overweeg wat u wilt (zie onder: 'uitgesteld nee').
2. Kijk de ander aan.
3. Zeg duidelijk dat u niet wilt ingaan op het verzoek.
4. Leg zo nodig kort uit waarom.
5. Let op de reactie van de ander.
6. Herhaal zo nodig uw weigering.

(Tip: Let erop hoe anderen nee zeggen. Herkent u de leerstappen?)

OPMERKINGEN

- 'Uitgesteld nee': Probeer niet automatisch ja te zeggen. Denk er eerst over na of u iets wel of niet wilt. Het is handig om dan even bedenktijd te vragen. Voorbeelden zijn: 'ik weet het nog niet, ik laat je snel weten wat ik doe', 'je overvalt me er een beetje mee, ik wil er nog even over nadenken', 'ik kan het niet beloven, maar zal erover denken'. De voordelen van een uitgesteld nee zijn dat de ander alvast aan het idee kan wennen dat u misschien nee gaat zeggen en het voorkomt dat u ergens mee instemt, waar u eigenlijk niet achter staat.
- Als u niet meteen kunt beslissen, zeg dan dat u er nog over na wilt denken.
- Bedenk dat u altijd kunt terugkomen op een eerder uitgesproken ja.
- Laat uw nee duidelijk horen. Als u bijvoorbeeld heel zacht praat en daarbij naar beneden kijkt, maakt uw nee niet zoveel indruk. De ander zal er zich niet veel van aantrekken.
- Als u de ander uitleg wilt geven waarom u iets niet wilt, dan kunt u dat doen, maar u bent dat niet verplicht.

- Wanneer u besloten hebt om nee te zeggen, is het het beste om daar mee te beginnen en pas daarna eventueel een toelichting te geven. Op deze manier is het meteen duidelijk dat u het niet wilt en hoeft u er niet omheen te draaien.
- Het is voor de ander niet leuk dat u diens verzoek afwijst. Toon daar begrip voor. Laat u echter niet meeslepen door schuldgevoelens en bedenk dat u niet verantwoordelijk bent voor de problemen van een ander.
- Veel mensen gebruiken smoesjes om van lastige vragen af te komen. Het lijkt gemakkelijk maar het voelt niet prettig. Probeer dus eerlijk te blijven.
- Wanneer mensen uw weigering niet accepteren maar blijven doordrammen, gebruik dan de techniek van de 'kapotte grammofoonplaat'. Hiermee wordt bedoeld dat u steeds uw weigering herhaalt en niet ingaat op de argumenten van de ander. U herhaalt dus steeds in het kort wat u wilt, zonder u te laten afleiden door de argumenten van de ander om u over te halen.
- Soms worden verzoeken 'verpakt' in argumenten die het u moeilijk maken te weigeren. Bijvoorbeeld 'doe jij dat even, je kunt dat zo goed' of 'ik doe altijd zoveel voor jou'. Probeer de argumenten en het verzoek los van elkaar te zien. U kunt dan reageren met 'leuk dat je vindt dat ik het zo goed kan maar ik wil het deze keer niet doen' of 'het is waar dat je veel voor mij doet; het spijt me dat ik je deze keer niet kan helpen'.

FORMULIER GEDRAGSEXPERIMENT

Vóór het experiment

1 Beschrijf de gedachten die in het experiment getoetst gaan worden (en geef het geloofwaardigheidspercentage):

    A   Negatieve automatische gedachte/voorspelling   ____ % geloofwaardigheid

    B   Rationele gedachte/voorspelling   ____ % geloofwaardigheid

2 Bedenk een goed uitvoerbaar experiment.
Beschrijf het experiment (concreet en specifiek):
Wat gaat u doen/ zeggen? Bij wie? Wanneer? Hoe lang?

3 Noteer op welke punten u moet letten tijdens het experiment om conclusies te kunnen trekken ten aanzien van gedachten/voorspellingen A en B (concreet en specifiek).

Voer het experiment uit op het moment en op de manier die u bedacht hebt.

FORMULIER GEDRAGSEXPERIMENT (VERVOLG)

Na het experiment

4 Beschrijf vlak na het experiment concreet hoe het experiment is verlopen. Hoe reageerde u? Hoe reageerden andere mensen? Wat gebeurde er? Wat gebeurde er juist niet?

_____
_____
_____
_____
_____

5 Welke voorspelling is uitgekomen? U beoordeelt dit aan de hand van de punten waarop u moest letten tijdens het experiment.

_____
_____
_____
_____
_____

6 Geef een cijfer voor de geloofwaardigheid van de negatieve automatische en rationele gedachte na het experiment.

A   Negatieve automatische gedachte/voorspelling   ____ % geloofwaardigheid

_____
_____

B   Rationele gedachte/voorspelling   ____ % geloofwaardigheid

_____
_____

Trek de conclusie. Wat hebt u geleerd over uzelf?

_____
_____
_____
_____
_____

Zitting 12 – Gedragsexperimenten

Datum: _____

Agenda

- De therapeut zal vragen naar uw stemming
- Uw huiswerkopdracht zal worden besproken
- Bespreken of het idee achter een gedragsexperiment duidelijk is
- Bespreken van het uitgevoerde gedragsexperiment
- Samen voorbereiden van een nieuw haalbaar gedragsexperiment
- Samen een keuze maken om de volgende zittingen in te gaan op aanvullende uitdaagtechnieken of verder te gaan met de gedragsexperimenten
- Het huiswerk voor de volgende zitting wordt besproken
- Nabespreken van de zitting

Belangrijke punten tijdens de zitting

_____
_____
_____
_____
_____
_____
_____
_____
_____

Huiswerk voor de volgende keer

- Uitvoeren van een gedragsexperiment
- Registratie van het gedragsexperiment aan de hand van het formulier Gedragsexperiment

Punten om te onthouden

_____
_____
_____
_____
_____
_____
_____

FORMULIER GEDRAGSEXPERIMENT

Vóór het experiment

1 Beschrijf de gedachten die in het experiment getoetst gaan worden (en geef het geloofwaardigheidspercentage):

   A   Negatieve automatische gedachte/voorspelling   ____ % geloofwaardigheid

_____

_____

   B   Rationele gedachte/voorspelling   ____ % geloofwaardigheid

_____

_____

2 Bedenk een goed uitvoerbaar experiment.
Beschrijf het experiment (concreet en specifiek):
Wat gaat u doen/ zeggen? Bij wie? Wanneer? Hoe lang?

_____

_____

_____

_____

_____

_____

_____

3 Noteer op welke punten u moet letten tijdens het experiment om conclusies te kunnen trekken ten aanzien van gedachten/voorspellingen A en B (concreet en specifiek).

_____

_____

_____

_____

_____

_____

_____

_____

Voer het experiment uit op het moment en op de manier die u bedacht hebt.

FORMULIER GEDRAGSEXPERIMENT (VERVOLG)

Na het experiment

4 Beschrijf vlak na het experiment concreet hoe het experiment is verlopen. Hoe reageerde u? Hoe reageerden andere mensen? Wat gebeurde er? Wat gebeurde er juist niet?

_____
_____
_____
_____
_____

5 Welke voorspelling is uitgekomen? U beoordeelt dit aan de hand van de punten waarop u moest letten tijdens het experiment.

_____
_____
_____
_____
_____

6 Geef een cijfer voor de geloofwaardigheid van de negatieve automatische en rationele gedachte na het experiment.

    A   Negatieve automatische gedachte/voorspelling   ____ % geloofwaardigheid

_____
_____

    B   Rationele gedachte/voorspelling   ____ % geloofwaardigheid

_____
_____

Trek de conclusie. Wat hebt u geleerd over uzelf?

_____
_____
_____
_____
_____

Zitting 13 – Aanvullende uitdaagtechnieken of extra oefening gedragsexperimenten

Datum: _____

Agenda

- De therapeut zal vragen naar uw stemming
- Uw huiswerkopdracht zal worden besproken
- Afhankelijk van de afspraak in de vorige zitting zal er worden ingegaan op aanvullende uitdaagtechnieken of extra oefening van gedragsexperimenten
- Het huiswerk voor de volgende zitting wordt besproken
- Nabespreken van de zitting

Belangrijke punten tijdens de zitting

Huiswerk voor de volgende keer

- Oefen deze week tenminste drie keer met de besproken (aanvullende) uitdaagtechnieken

En/of

- Uitvoeren en opstellen van gedragsexperiment(en)

Punten om te onthouden

GEDACHTEDAGBOEK

SITUATIE	AUTOMATISCHE GEDACHTE(N)	GEVOEL	KRITISCHE VRAGEN	RATIONELE GEDACHTE	GEVOLG
Waar ben ik? Wat gebeurt er?	Wat denk ik? Geloofwaardigheid (0-100%)	Wat voel ik? Hoe sterk (0-100%)?	Welke kritische vragen kan ik bij die gedachte stellen? Wat is het antwoord op deze kritische vragen?	Wat is een helpende gedachte? Hoe geloofwaardig is de helpende gedachte (0-100%)?	Hoe geloofwaardig is de automatische gedachte nu (0-100%)? Hoe sterk is het oorspronkelijke gevoel nu (0-100%)?

FORMULIER GEDRAGSEXPERIMENT

Vóór het experiment

1 Beschrijf de gedachten die in het experiment getoetst gaan worden (en geef het geloofwaardigheidspercentage):

   A   Negatieve automatische gedachte/voorspelling   ____ % geloofwaardigheid

   _____

   _____

   B   Rationele gedachte/voorspelling   ____ % geloofwaardigheid

   _____

   _____

2 Bedenk een goed uitvoerbaar experiment.
   Beschrijf het experiment (concreet en specifiek):
   Wat gaat u doen/ zeggen? Bij wie? Wanneer? Hoe lang?

   _____

   _____

   _____

   _____

   _____

   _____

   _____

3 Noteer op welke punten u moet letten tijdens het experiment om conclusies te kunnen trekken ten aanzien van gedachten/voorspellingen A en B (concreet en specifiek).

   _____

   _____

   _____

   _____

   _____

   _____

   _____

   _____

   _____

Voer het experiment uit op het moment en op de manier die u bedacht hebt.

FORMULIER GEDRAGSEXPERIMENT (VERVOLG)

Na het experiment

4 Beschrijf vlak na het experiment concreet hoe het experiment is verlopen. Hoe reageerde u? Hoe reageerden andere mensen? Wat gebeurde er? Wat gebeurde er juist niet?

_____
_____
_____
_____
_____

5 Welke voorspelling is uitgekomen? U beoordeelt dit aan de hand van de punten waarop u moest letten tijdens het experiment.

_____
_____
_____
_____
_____

6 Geef een cijfer voor de geloofwaardigheid van de negatieve automatische en rationele gedachte na het experiment.

   A   Negatieve automatische gedachte/voorspelling   ____ % geloofwaardigheid

   _____
   _____

   B   Rationele gedachte/voorspelling   ____ % geloofwaardigheid

   _____
   _____

Trek de conclusie. Wat hebt u geleerd over uzelf?

_____
_____
_____
_____

FORMULIER MEERDIMENSIONAAL EVALUEREN

1. Negatieve, ongenuanceerde gedachte over zelf of anderen:
   _____

2. Geloofwaardigheid negatieve gedachte: _____ (0-100%; 0 = niet geloofwaardig, 100 = volledig geloofwaardig)

3. Gevoel + sterkte (0-100%; 0 = niet aanwezig, 100 = allersterkste ooit ervaren): _____

4. Noteer uitersten van de conclusie van de negatieve gedachte (0 = negatieve kant, 10 = positieve kant).

   0 _____   _____ 10

5. Geef met een kruisje de score aan op de schaal van 0 tot 10.

6. Noteer eigenschappen van iemand die hoog scoort op het negatieve uiterste

   0 _____   _____ 10
   0 _____   _____ 10
   0 _____   _____ 10
   0 _____   _____ 10

7. Noteer eigenschappen van iemand die hoog scoort op het positieve uiterste

   0 _____   _____ 10
   0 _____   _____ 10
   0 _____   _____ 10
   0 _____   _____ 10

   NB Noteer per schaal de genoemde eigenschap én het tegenovergestelde van deze eigenschap. Alle negatief beoordeelde eigenschappen moeten links staan (bij de 0) en alle positief beoordeelde eigenschappen rechts (bij de 10).

8. Geef voor alle eigenschappen aan hoe u daar zelf op scoort (met behulp van een kruisje op bovenstaande schalen).

9. Tel de scores op en deel de totaalscore door het aantal eigenschappen. Vergelijk dit cijfer met de score bij punt 5.

10. Wat is uw conclusie? Scoor opnieuw de geloofwaardigheid van de negatieve gedachte bij 1.: _____ (0-100%) en de sterkte van het gevoel dat nu bij die gedachte hoort: _____ (0-100%)

11. Wat zou een meer rationele, helpende gedachte zijn?
    _____

FORMULIER RECHTBANKMETAFOOR

1. Noteer de negatieve automatische gedachte:
   _____

2. Geloofwaardigheid negatieve automatische gedachte:_____ (0-100%; 0 = niet geloofwaardig, 100 = volledig geloofwaardig)

3. Gevoel + sterkte (0-100%; 0 = niet aanwezig, 100 = allersterkste ooit ervaren):_____

4. Bewijzen vóór   5. Bewijzen tégen

   - _____   - _____
   - _____   - _____
   - _____   - _____
   - _____   - _____
   - _____   - _____
   - _____   - _____
   - _____   - _____
   - _____   - _____

6. Controle: zijn de bewijzen vóór echt harde bewijzen? Zou een rechter deze bewijzen accepteren? Bevraag uzelf kritisch.

7. Welke conclusie trekt u op basis van bovenstaande bewijzen voor en tegen?

8. Scoor opnieuw de geloofwaardigheid van de negatieve gedachte bij 1.: _____ (0-100%)

9. Scoor dan de sterkte van het gevoel dat nu bij die gedachte hoort: _____ (0-100%)

10. Formuleer een rationele, meer helpende gedachte:
    _____
    _____

11. Scoor de geloofwaardigheid van de rationele gedachte: _____ (0-100%)

12. Stel dat u in lastige situaties zou uitgaan van deze rationele gedachte, waar zou dat toe leiden? Wat zou u anders doen?
    _____
    _____

FASE 3: VERANDERING VAN NEGATIEVE GEDACHTEN IN HELPENDE GEDACHTEN   75

FORMULIER KANSBEREKENING

1. Beschrijf in één zin wat de allergrootste ramp is die u vreest (dit kan per situatie anders zijn):

   _____

2. Wat is de kans op deze ramp volgens u: _____ %

3. Beschrijf aan welke voorwaarden moet worden voldaan, wil de ramp ook echt gebeuren. Noteer daarbij de kans op elke voorwaarde. Wees erop bedacht dat er vaak aan meer voorwaarden moet worden voldaan dan op het eerste gezicht lijkt.

   Voorwaarde 1 _____ Kans _____ %

   Voorwaarde 2 _____ Kans _____ %

   Voorwaarde 3 _____ Kans _____ %

   Voorwaarde 4 _____ Kans _____ %

   Voorwaarde 5 _____ Kans _____ %

   Voorwaarde 6 _____ Kans _____ %

   Voorwaarde 7 _____ Kans _____ %

   Voorwaarde 8 _____ Kans _____ %

   Voorwaarde 9 _____ Kans _____ %

   Voorwaarde 10 _____ Kans _____ %

   _____

                                                          Totale kans _____ %

4. Reken de totale kans uit door de kansen van alle ingevulde voorwaarden met elkaar te vermenigvuldigen (voorwaarde 1 x voorwaarde 2 x voorwaarde 3, enz.)

5. Welke conclusie trekt u?

   _____

FORMULIER ERGSTE VAN HET ERGSTE

1. Noteer de automatische negatieve gedachte:

   _____

2. Stel uzelf vervolgens steeds de vraag: wat is hier voor mij erg aan of wat is het ergste dat zou kunnen gebeuren?

   _____

   Wat is hier erg aan?
   ⬇

   _____

   Wat is hier erg aan?
   ⬇

   _____

   Wat is hier erg aan?
   ⬇

   _____

   Wat is hier erg aan?
   ⬇

   _____

   Wat is hier erg aan?
   ⬇

   _____

3. Wat is het beste dat zou kunnen gebeuren?

   _____

   _____

4. Wat is het meest realistische dat zou kunnen gebeuren?

   _____

   _____

FORMULIER TAART-TECHNIEK

1. Beschrijf in één zin wat de grootste ramp is die u vreest (deze techniek is met name geschikt als u uw schuld of verantwoordelijkheid bij deze ramp hoog inschat):

   _____

2. Scoor de geloofwaardigheid van de negatieve automatische gedachte: _____ (0-100%; 0 = niet geloofwaardig, 100 = volledig geloofwaardig)

3. Noteer alle mensen of instanties die ook betrokken (zouden kunnen) zijn geweest of invloed hadden kunnen uitoefenen op het ontstaan van de ramp. Noteer hierbij het percentage dat zij verantwoordelijk waren/schuld hadden.

   1. _____ ____%   2. _____ ____%

   3. _____ ____%   4. _____ ____%

   5. _____ ____%   6. _____ ____%

   7. _____ ____%   8. _____ ____%

4. Geef alle betrokkenen een punt van de taart, evenredig aan het genoteerde percentage. Als laatste geeft u zichzelf een punt van de taart.

5. Wat valt u op?

   _____

6. Scoor nu opnieuw hoe geloofwaardig uw rampgedachte is _____ %

FORMULIER KOSTEN-BATENANALYSE

1. Beschrijf uw automatische gedachte of leefregel:

   _____

   _____

2. Noteer de voordelen van deze gedachte/leefregel

   _____

   _____

   _____

   _____

   _____

   _____

   _____

3. Noteer de nadelen van deze gedachte/leefregel

   _____

   _____

   _____

   _____

   _____

   _____

   _____

4. Ga na welke voor- en/of nadelen het zwaarst wegen. U kunt achter ieder voor- en nadeel een cijfer noteren (0-10; 0 = speelt geen rol; 10 = speelt doorslaggevende rol).

5. Tot welke conclusie komt u?

   _____

   _____

   _____

Zitting 14 – Aanvullende uitdaagtechnieken of extra oefening gedragsexperimenten

Datum: _____

Agenda

- De therapeut zal vragen naar uw stemming
- Uw huiswerkopdracht zal worden besproken
- Verduidelijking van de door u uitgevoerde technieken en/of bespreken van nieuwe uitdaagtechnieken of opstellen van nieuwe oefensituaties voor gedragsexperimenten
- Het huiswerk voor de volgende zitting wordt besproken
- Nabespreken van de zitting

Belangrijke punten tijdens de zitting

_____
_____
_____
_____
_____
_____
_____
_____
_____

Huiswerk voor de volgende keer

- Oefen deze week ten minste drie keer met de besproken (aanvullende) uitdaagtechnieken

En/of

- Uitvoeren en opstellen van gedragsexperiment(en)

Punten om te onthouden

_____
_____
_____
_____
_____
_____
_____

GEDACHTEDAGBOEK

SITUATIE	AUTOMATISCHE GEDACHTE(N)	GEVOEL	KRITISCHE VRAGEN	RATIONELE GEDACHTE	GEVOLG
Waar ben ik? Wat gebeurt er?	Wat denk ik? Geloofwaardigheid (0-100%)	Wat voel ik? Hoe sterk (0-100%)?	Welke kritische vragen kan ik bij die gedachte stellen? Wat is het antwoord op deze kritische vragen?	Wat is een helpende gedachte? Hoe geloofwaardig is de helpende gedachte (0-100%)?	Hoe geloofwaardig is de automatische gedachte nu (0-100%)? Hoe sterk is het oorspronkelijke gevoel nu (0-100%)?

FORMULIER GEDRAGSEXPERIMENT

Vóór het experiment

1 Beschrijf de gedachten die in het experiment getoetst gaan worden (en geef het geloofwaardigheidspercentage):

   A   Negatieve automatische gedachte/voorspelling   ____ % geloofwaardigheid

   _____

   _____

   B   Rationele gedachte/voorspelling   ____ % geloofwaardigheid

   _____

   _____

2 Bedenk een goed uitvoerbaar experiment.
   Beschrijf het experiment (concreet en specifiek):
   Wat gaat u doen/ zeggen? Bij wie? Wanneer? Hoe lang?

   _____
   _____
   _____
   _____
   _____
   _____

3 Noteer op welke punten u moet letten tijdens het experiment om conclusies te kunnen trekken ten aanzien van gedachten/voorspellingen A en B (concreet en specifiek).

   _____
   _____
   _____
   _____
   _____
   _____
   _____
   _____

Voer het experiment uit op het moment en op de manier die u bedacht hebt.

FORMULIER GEDRAGSEXPERIMENT (VERVOLG)

Na het experiment

4 Beschrijf vlak na het experiment concreet hoe het experiment is verlopen. Hoe reageerde u? Hoe reageerden andere mensen? Wat gebeurde er? Wat gebeurde er juist niet?

_____

_____

_____

_____

_____

5 Welke voorspelling is uitgekomen? U beoordeelt dit aan de hand van de punten waarop u moest letten tijdens het experiment.

_____

_____

_____

_____

_____

6 Geef een cijfer voor de geloofwaardigheid van de negatieve automatische en rationele gedachte na het experiment.

   A   Negatieve automatische gedachte/voorspelling   ____ % geloofwaardigheid

   _____

   _____

   B   Rationele gedachte/voorspelling   ____ % geloofwaardigheid

   _____

   _____

Trek de conclusie. Wat hebt u geleerd over uzelf?

_____

_____

_____

_____

_____

FASE 3: VERANDERING VAN NEGATIEVE GEDACHTEN IN HELPENDE GEDACHTEN

FORMULIER MEERDIMENSIONAAL EVALUEREN

1. Negatieve, ongenuanceerde gedachte over zelf of anderen:
   _____

2. Geloofwaardigheid negatieve gedachte: _____ (0-100%; 0 = niet geloofwaardig, 100 = volledig geloofwaardig)

3. Gevoel + sterkte (0-100%; 0 = niet aanwezig, 100 = allersterkste ooit ervaren): _____

4. Noteer uitersten van de conclusie van de negatieve gedachte (0 = negatieve kant, 10 = positieve kant).

   0 _____   _____ 10
   _____

5. Geef met een kruisje de score aan op de schaal van 0 tot 10.

6. Noteer eigenschappen van iemand die hoog scoort op het negatieve uiterste

   0 _____   _____ 10
   _____
   0 _____   _____ 10
   _____
   0 _____   _____ 10
   _____
   0 _____   _____ 10
   _____

7. Noteer eigenschappen van iemand die hoog scoort op het positieve uiterste

   0 _____   _____ 10
   _____
   0 _____   _____ 10
   _____
   0 _____   _____ 10
   _____
   0 _____   _____ 10
   _____

NB Noteer per schaal de genoemde eigenschap én het tegenovergestelde van deze eigenschap. Alle negatief beoordeelde eigenschappen moeten links staan (bij de 0) en alle positief beoordeelde eigenschappen rechts (bij de 10).

8. Geef voor alle eigenschappen aan hoe u daar zelf op scoort (met behulp van een kruisje op bovenstaande schalen).

9. Tel de scores op en deel de totaalscore door het aantal eigenschappen. Vergelijk dit cijfer met de score bij punt 5.

10. Wat is uw conclusie? Scoor opnieuw de geloofwaardigheid van de negatieve gedachte bij
    1.: _____ (0-100%) en de sterkte van het gevoel dat nu bij die gedachte hoort:
        _____ (0-100%)

11. Wat zou een meer rationele, helpende gedachte zijn?
    _____

FORMULIER RECHTBANKMETAFOOR

1. Noteer de negatieve automatische gedachte:
   _____

2. Geloofwaardigheid negatieve automatische gedachte: _____ (0-100%; 0 = niet geloofwaardig, 100 = volledig geloofwaardig)

3. Gevoel + sterkte (0-100%; 0 = niet aanwezig, 100 = allersterkste ooit ervaren): _____

4. Bewijzen vóór   5. Bewijzen tégen

   - _____   - _____
   - _____   - _____
   - _____   - _____
   - _____   - _____
   - _____   - _____
   - _____   - _____
   - _____   - _____
   - _____   - _____

6. Controle: zijn de bewijzen vóór echt harde bewijzen? Zou een rechter deze bewijzen accepteren? Bevraag uzelf kritisch.

7. Welke conclusie trekt u op basis van bovenstaande bewijzen voor en tegen?

8. Scoor opnieuw de geloofwaardigheid van de negatieve gedachte bij 1.: _____ (0-100%)

9. Scoor dan de sterkte van het gevoel dat nu bij die gedachte hoort: _____ (0-100%)

10. Formuleer een rationele, meer helpende gedachte:
    _____
    _____

11. Scoor de geloofwaardigheid van de rationele gedachte: _____ (0-100%)

12. Stel dat u in lastige situaties zou uitgaan van deze rationele gedachte, waar zou dat toe leiden? Wat zou u anders doen?
    _____
    _____

FORMULIER KANSBEREKENING

1. Beschrijf in één zin wat de allergrootste ramp is die u vreest (dit kan per situatie anders zijn):

   _____

2. Wat is de kans op deze ramp volgens u: _____ %

3. Beschrijf aan welke voorwaarden moet worden voldaan, wil de ramp ook echt gebeuren. Noteer daarbij de kans op elke voorwaarde. Wees erop bedacht dat er vaak aan meer voorwaarden moet worden voldaan dan op het eerste gezicht lijkt.

   Voorwaarde 1 _____ Kans _____ %

   Voorwaarde 2 _____ Kans _____ %

   Voorwaarde 3 _____ Kans _____ %

   Voorwaarde 4 _____ Kans _____ %

   Voorwaarde 5 _____ Kans _____ %

   Voorwaarde 6 _____ Kans _____ %

   Voorwaarde 7 _____ Kans _____ %

   Voorwaarde 8 _____ Kans _____ %

   Voorwaarde 9 _____ Kans _____ %

   Voorwaarde 10 _____ Kans _____ %

   _____

   Totale kans _____ %

4. Reken de totale kans uit door de kansen van alle ingevulde voorwaarden met elkaar te vermenigvuldigen (voorwaarde 1 x voorwaarde 2 x voorwaarde 3, enz.)

5. Welke conclusie trekt u?

   _____

FORMULIER ERGSTE VAN HET ERGSTE

1. Noteer de automatische negatieve gedachte:

   _____

2. Stel uzelf vervolgens steeds de vraag: wat is hier voor mij erg aan of wat is het ergste dat zou kunnen gebeuren?

   _____

   Wat is hier erg aan?
   ⬇

   _____

   Wat is hier erg aan?
   ⬇

   _____

   Wat is hier erg aan?
   ⬇

   _____

   Wat is hier erg aan?
   ⬇

   _____

   Wat is hier erg aan?
   ⬇

   _____

3. Wat is het beste dat zou kunnen gebeuren?

   _____

   _____

4. Wat is het meest realistische dat zou kunnen gebeuren?

   _____

   _____

FASE 3: VERANDERING VAN NEGATIEVE GEDACHTEN IN HELPENDE GEDACHTEN **87**

FORMULIER TAART-TECHNIEK

1. Beschrijf in één zin wat de grootste ramp is die u vreest (deze techniek is met name geschikt als u uw schuld of verantwoordelijkheid bij deze ramp hoog inschat):

   _____

2. Scoor de geloofwaardigheid van de negatieve automatische gedachte: _____ (0-100%; 0 = niet geloofwaardig, 100 = volledig geloofwaardig)

3. Noteer alle mensen of instanties die ook betrokken (zouden kunnen) zijn geweest of invloed hadden kunnen uitoefenen op het ontstaan van de ramp. Noteer hierbij het percentage dat zij verantwoordelijk waren/schuld hadden.

   1. _____ ____%   2. _____ ____%

   3. _____ ____%   4. _____ ____%

   5. _____ ____%   6. _____ ____%

   7. _____ ____%   8. _____ ____%

4. Geef alle betrokkenen een punt van de taart, evenredig aan het genoteerde percentage. Als laatste geeft u zichzelf een punt van de taart.

5. Wat valt u op?

   _____

6. Scoor nu opnieuw hoe geloofwaardig uw rampgedachte is _____ %

FORMULIER KOSTEN-BATENANALYSE

1. Beschrijf uw automatische gedachte of leefregel:

   _____

   _____

2. Noteer de voordelen van deze gedachte/leefregel

   _____

   _____

   _____

   _____

   _____

   _____

   _____

3. Noteer de nadelen van deze gedachte/leefregel

   _____

   _____

   _____

   _____

   _____

   _____

   _____

4. Ga na welke voor- en/of nadelen het zwaarst wegen. U kunt achter ieder voor- en nadeel een cijfer noteren (0-10; 0 = speelt geen rol; 10 = speelt doorslaggevende rol).

5. Tot welke conclusie komt u?

   _____

   _____

   _____

Zitting 15 – Aanvullende uitdaagtechnieken of extra oefening gedragsexperimenten

Datum: _____

Agenda

- De therapeut zal vragen naar uw stemming
- Uw huiswerkopdracht zal worden besproken
- Verduidelijking van de door u uitgevoerde technieken en/of bespreken van nieuwe uitdaagtechnieken of opstellen van nieuwe oefensituaties voor gedragsexperimenten
- Bespreken van:
  - Het effect van de therapie ten aanzien van de gestelde doelen
  - De technieken die voor u behulpzaam waren
  - Strategieën in geval van een terugval
- Het huiswerk voor de volgende zitting wordt besproken
- Nabespreken van de zitting

Belangrijke punten tijdens de zitting

_____
_____
_____
_____
_____
_____
_____
_____
_____
_____
_____
_____
_____
_____
_____
_____

Huiswerk voor de volgende keer

- Beantwoorden van drie vragen:
  - Welke technieken waren behulpzaam: wat werkt voor mij?
  - Waar moet ik in de toekomst extra alert op zijn (om terugval te voorkomen)?
  - Strategieën in geval van terugval: wat helpt mij bij een terugval of verergering van de klachten?
- Oefenen met besproken technieken

En/of

- Uitvoeren gedragsexperimenten

Punten om te onthouden

FASE 3: VERANDERING VAN NEGATIEVE GEDACHTEN IN HELPENDE GEDACHTEN

GEDACHTEDAGBOEK

SITUATIE	AUTOMATISCHE GEDACHTE(N)	GEVOEL	KRITISCHE VRAGEN	RATIONELE GEDACHTE	GEVOLG
Waar ben ik? Wat gebeurt er?	Wat denk ik? Geloofwaardigheid (0-100%)	Wat voel ik? Hoe sterk (0-100%)?	Welke kritische vragen kan ik bij die gedachte stellen? Wat is het antwoord op deze kritische vragen?	Wat is een helpende gedachte? Hoe geloofwaardig is de helpende gedachte (0-100%)?	Hoe geloofwaardig is de automatische gedachte nu (0-100%)? Hoe sterk is het oorspronkelijke gevoel nu (0-100%)?

FORMULIER GEDRAGSEXPERIMENT

Vóór het experiment

1 Beschrijf de gedachten die in het experiment getoetst gaan worden (en geef het geloofwaardigheidspercentage):

    A   Negatieve automatische gedachte/voorspelling   ____ % geloofwaardigheid

___

___

    B   Rationele gedachte/voorspelling   ____ % geloofwaardigheid

___

___

2 Bedenk een goed uitvoerbaar experiment.
Beschrijf het experiment (concreet en specifiek):
Wat gaat u doen/ zeggen? Bij wie? Wanneer? Hoe lang?

___

___

___

___

___

___

___

3 Noteer op welke punten u moet letten tijdens het experiment om conclusies te kunnen trekken ten aanzien van gedachten/voorspellingen A en B (concreet en specifiek).

___

___

___

___

___

___

___

___

___

Voer het experiment uit op het moment en op de manier die u bedacht hebt.

FORMULIER GEDRAGSEXPERIMENT (VERVOLG)

Na het experiment

4 Beschrijf vlak na het experiment concreet hoe het experiment is verlopen. Hoe reageerde u? Hoe reageerden andere mensen? Wat gebeurde er? Wat gebeurde er juist niet?

_____
_____
_____
_____
_____

5 Welke voorspelling is uitgekomen? U beoordeelt dit aan de hand van de punten waarop u moest letten tijdens het experiment.

_____
_____
_____
_____
_____

6 Geef een cijfer voor de geloofwaardigheid van de negatieve automatische en rationele gedachte na het experiment.

A   Negatieve automatische gedachte/voorspelling   ____ % geloofwaardigheid

_____
_____

B   Rationele gedachte/voorspelling   ____ % geloofwaardigheid

_____
_____

Trek de conclusie. Wat hebt u geleerd over uzelf?

_____
_____
_____
_____
_____

FORMULIER MEERDIMENSIONAAL EVALUEREN

1. Negatieve, ongenuanceerde gedachte over zelf of anderen:
   _____

2. Geloofwaardigheid negatieve gedachte: _____ (0-100%; 0 = niet geloofwaardig, 100 = volledig geloofwaardig)

3. Gevoel + sterkte (0-100%; 0 = niet aanwezig, 100 = allersterkste ooit ervaren): _____

4. Noteer uitersten van de conclusie van de negatieve gedachte (0 = negatieve kant, 10 = positieve kant).

   0 _____   _____ 10

5. Geef met een kruisje de score aan op de schaal van 0 tot 10.

6. Noteer eigenschappen van iemand die hoog scoort op het negatieve uiterste

   0 _____   _____ 10

   0 _____   _____ 10

   0 _____   _____ 10

   0 _____   _____ 10

7. Noteer eigenschappen van iemand die hoog scoort op het positieve uiterste

   0 _____   _____ 10

   0 _____   _____ 10

   0 _____   _____ 10

   0 _____   _____ 10

NB Noteer per schaal de genoemde eigenschap én het tegenovergestelde van deze eigenschap. Alle negatief beoordeelde eigenschappen moeten links staan (bij de 0) en alle positief beoordeelde eigenschappen rechts (bij de 10).

8. Geef voor alle eigenschappen aan hoe u daar zelf op scoort (met behulp van een kruisje op bovenstaande schalen).

9. Tel de scores op en deel de totaalscore door het aantal eigenschappen. Vergelijk dit cijfer met de score bij punt 5.

10. Wat is uw conclusie? Scoor opnieuw de geloofwaardigheid van de negatieve gedachte bij
    1.: _____ (0-100%) en de sterkte van het gevoel dat nu bij die gedachte hoort:
        _____ (0-100%)

11. Wat zou een meer rationele, helpende gedachte zijn?
    _____

FORMULIER RECHTBANKMETAFOOR

1. Noteer de negatieve automatische gedachte:
   _____

2. Geloofwaardigheid negatieve automatische gedachte: _____ (0-100%; 0 = niet geloofwaardig, 100 = volledig geloofwaardig)

3. Gevoel + sterkte (0-100%; 0 = niet aanwezig, 100 = allersterkste ooit ervaren): _____

4. Bewijzen vóór   5. Bewijzen tégen

   - _____   - _____
   - _____   - _____
   - _____   - _____
   - _____   - _____
   - _____   - _____
   - _____   - _____
   - _____   - _____
   - _____   - _____

6. Controle: zijn de bewijzen vóór echt harde bewijzen? Zou een rechter deze bewijzen accepteren? Bevraag uzelf kritisch.

7. Welke conclusie trekt u op basis van bovenstaande bewijzen voor en tegen?

8. Scoor opnieuw de geloofwaardigheid van de negatieve gedachte bij 1.: _____ (0-100%)

9. Scoor dan de sterkte van het gevoel dat nu bij die gedachte hoort: _____ (0-100%)

10. Formuleer een rationele, meer helpende gedachte:
    _____
    _____

11. Scoor de geloofwaardigheid van de rationele gedachte: _____ (0-100%)

12. Stel dat u in lastige situaties zou uitgaan van deze rationele gedachte, waar zou dat toe leiden? Wat zou u anders doen?
    _____
    _____

FORMULIER KANSBEREKENING

1. Beschrijf in één zin wat de allergrootste ramp is die u vreest (dit kan per situatie anders zijn):

   _____

2. Wat is de kans op deze ramp volgens u: _____ %

3. Beschrijf aan welke voorwaarden moet worden voldaan, wil de ramp ook echt gebeuren. Noteer daarbij de kans op elke voorwaarde. Wees erop bedacht dat er vaak aan meer voorwaarden moet worden voldaan dan op het eerste gezicht lijkt.

   Voorwaarde 1 _____ Kans _____ %

   Voorwaarde 2 _____ Kans _____ %

   Voorwaarde 3 _____ Kans _____ %

   Voorwaarde 4 _____ Kans _____ %

   Voorwaarde 5 _____ Kans _____ %

   Voorwaarde 6 _____ Kans _____ %

   Voorwaarde 7 _____ Kans _____ %

   Voorwaarde 8 _____ Kans _____ %

   Voorwaarde 9 _____ Kans _____ %

   Voorwaarde 10 _____ Kans _____ %

   _____

                                                          Totale kans _____ %

4. Reken de totale kans uit door de kansen van alle ingevulde voorwaarden met elkaar te vermenigvuldigen (voorwaarde 1 x voorwaarde 2 x voorwaarde 3, enz.)

5. Welke conclusie trekt u?

   _____

FORMULIER ERGSTE VAN HET ERGSTE

1. Noteer de automatische negatieve gedachte:

   _____

2. Stel uzelf vervolgens steeds de vraag: wat is hier voor mij erg aan of wat is het ergste dat zou kunnen gebeuren?

   _____

   Wat is hier erg aan?
   ⬇

   _____

   Wat is hier erg aan?
   ⬇

   _____

   Wat is hier erg aan?
   ⬇

   _____

   Wat is hier erg aan?
   ⬇

   _____

   Wat is hier erg aan?
   ⬇

   _____

3. Wat is het beste dat zou kunnen gebeuren?

   _____

   _____

4. Wat is het meest realistische dat zou kunnen gebeuren?

   _____

   _____

FORMULIER TAART-TECHNIEK

1. Beschrijf in één zin wat de grootste ramp is die u vreest (deze techniek is met name geschikt als u uw schuld of verantwoordelijkheid bij deze ramp hoog inschat):

   _____

2. Scoor de geloofwaardigheid van de negatieve automatische gedachte: _____ (0-100%; 0 = niet geloofwaardig, 100 = volledig geloofwaardig)

3. Noteer alle mensen of instanties die ook betrokken (zouden kunnen) zijn geweest of invloed hadden kunnen uitoefenen op het ontstaan van de ramp. Noteer hierbij het percentage dat zij verantwoordelijk waren/schuld hadden.

   1. _____ _____%   2. _____ _____%

   3. _____ _____%   4. _____ _____%

   5. _____ _____%   6. _____ _____%

   7. _____ _____%   8. _____ _____%

4. Geef alle betrokkenen een punt van de taart, evenredig aan het genoteerde percentage. Als laatste geeft u zichzelf een punt van de taart.

5. Wat valt u op?

   _____

6. Scoor nu opnieuw hoe geloofwaardig uw rampgedachte is _____ %

FORMULIER KOSTEN-BATENANALYSE

1. Beschrijf uw automatische gedachte of leefregel:

   _____

   _____

2. Noteer de voordelen van deze gedachte/leefregel

   _____

   _____

   _____

   _____

   _____

   _____

3. Noteer de nadelen van deze gedachte/leefregel

   _____

   _____

   _____

   _____

   _____

   _____

4. Ga na welke voor- en/of nadelen het zwaarst wegen. U kunt achter ieder voor- en nadeel een cijfer noteren (0-10; 0 = speelt geen rol; 10 = speelt doorslaggevende rol).

5. Tot welke conclusie komt u?

   _____

   _____

   _____

Zitting 16 – Afsluiten van behandeling

Datum: _____

Agenda

- De therapeut zal vragen naar uw stemming
- Uw huiswerkopdracht zal worden besproken
- Samen terugkijken naar uw doelen en evalueren in hoeverre u deze hebt gehaald
- Samen stilstaan bij wat u hebt geleerd
- Bespreken hoe u in een vroegtijdig stadium signaleert dat u klachten weer toenemen
- Bespreken welke strategieën u in de toekomst het best kunt toepassen, mochten de klachten opnieuw verergeren
- Evaluatie van de behandeling
- Afsluiting van de behandeling

Belangrijke punten tijdens de zitting

_____
_____
_____
_____
_____
_____
_____
_____
_____
_____
_____
_____
_____
_____
_____
_____

Huiswerk

- Het wordt sterk aangeraden om een verslagje te maken van dit gesprek. Neem hierin op:
    - wat de doelen zijn voor de komende tijd
    - waar u vroegtijdig aan merkt dat de klachten weer toenemen
    - wat valkuilen voor u zijn
    - wat behulpzaam voor u is
    - en wat u het best kunt doen als de klachten toch erger worden.

De ervaring leert dat u het nu nog allemaal goed weet, maar dat deze nuttige informatie toch vrij snel 'wegzakt'. Het opschrijven helpt u om op lastige momenten sneller de juiste keuzes te maken.

Punten om te onthouden

Geraadpleegde literatuur

Albersnagel, F., Emmelkamp, P.M.G., & Hoofdakker, R.H. van den (1998). *Depressie: theorie, diagnostiek en behandeling*. Houten: Bohn Stafleu Van Loghum.
American Psychiatric Association (1994). *Diagnostic and statistical manual of mental disorders* (4th edition) (DSM-IV). Washington, DC: American Psychiatric Association.
American Psychiatric Association (2000). *Diagnostic and statistical manual of mental disorders: DSM-IV-TR.*, 4th ed., text rev. Washington, DC: American Psychiatric Association.
American Psychological Association Task Force on Psychological Intervention Guidelines (1995). *Template for developing guidelines: Interventions for mental disorders and psychological aspects of physical disorders*. Washington, DC: American Psychological Association.
Beck, A.T. (1967). *Depression: Clinical, experimental and theoretical aspects*. New York: Harper & Row.
Beck, A.T. (1976). *Cognitive therapy and the emotional disorders*. New York: International Universities Press.
Beck, A.T., Rush, A.J., Shaw, B.F., & Emery, G. (1979). *Cognitive therapy for depression*. New York: Guilford Press.
Beck, A.T., Steer, R.A., & Brown, G.K. (1996). *BDI-II, Beck depression inventory: manual*. 2nd ed. Boston: Harcourt Brace.
Beck, J.S. (1995). *Basisboek cognitieve therapie*. Baarn: HB Uitgevers.
Beck, J.S. (1995). *Cognitive therapy: basics and beyond*. New York: Guilford Press.
Berndes, N., & Emmelkamp, P.M.G. (1999). Cognitieve therapie bij depressie. In S.M. Bögels & P. van Oppen. *Cognitieve therapie: Theorie en praktijk*. Houten/Diegem: Bohn Stafleu van Loghum.
Boelens, W., & Bloedjes, G.C.M. (2004). *Cognitieve gedragstherapie. Behandelprotocol bij depressie*. Nijmegen: Cure & Care Publishers.
Bögels, S.M., & Oppen, P. van (1999). *Cognitieve therapie: Theorie en praktijk*. Houten/Diegem: Bohn Stafleu van Loghum.
Bosscher, R.J., Kamperman, K.M., & Dyck, R. van (1996). *Depressie en sportief bewegen*. Amsterdam: Vrije Universiteit.
Burns, D.D. (1999). *Feeling good, The new mood therapy*. New York: Signet.
Burns, D.D. (1999). *The feeling good handbook*. New York: Plume.
CBO Kwaliteitsinstituut voor Gezondheidszorg (2005). *Multidisciplinaire richtlijn depressie*. Retrieved from www.cbo.nl/product/richtlijnen/folder20021023121843/rl_depressie_2005.pdf
Chambless, D.L., & Ollendick, T.H. (2001). Empirically supported psychological interventions: controversies and evidence. *Annual Review of Psychology*, 52, 685-716.
Chambless, D.L., Baker, M.J., Beaucom, D.H., Beutler, L.E., Calhoun, K.S., Crits-Christoph, P., Daiuto, A., DeRubeis, R., Detweiler, J., Haaga, D.A.F., Bennett Johnson, S., McCurry, S., Mueser, K.T., Pope, K.S., Sanderson, W.C., Shoham, V., Stickle, T., Williams, D.A., & Woody, S.R. (1998). Update on empirically validated therapies II, *Clinical Psychologist*, 51, 3-16.
ConsuMed (n.d.). Slaaphygiëne. Retrieved 22 augustus 2006 from http://www.consumed.nl/ziekten/3959/Slapeloosheid_slaaphygiene
Coryell, W., Ballenger, J.C.M., & Talbott, J.A.M. (1996). The time course of nonchronic major depressive disorder: Uniformity across episodes and samples. *Year Book of Psychiatry & Applied Mental Health Annual* (8), 283-284.
Cuijpers, P., & Dekker, J. (2005). Psychologische behandeling van depressie: een systematisch overzicht van meta-analyses. *Nederlands Tijdschrift voor Geneeskunde*, 149, 1892-1897.
Cuijpers, P., Straten, A. van, Smit, F., Mihalopoulos, C., Hons, B.B., & Beekman, A. (2008). Preventing the onset of depressive disorders: A meta-analytic review of psychological interventions. *American Journal of Psychiatry*, 165, 1272-1280.
Cuijpers, P., Straten, A. van, & Warmerdam, L. (2007). Behavioral activation treatments of depression: A meta-analysis. *Clinical Psychology Review*, 27, 318-326.
Dekker, J. (2004). *De proef op de som nemen*. Amsterdam: Vrije Universiteit – Uitgeverij Amsterdam.
Dekker, J., Molenaar, P.J., Kool, S., Aalst, G. van, Peen, J., & Jonghe, F. de (2005). Dose-effect relations in time-limited combined psycho-pharmacological treatment for depression. *Psychological Medicine*, 35, 47-58.
Dekker, J.J.M., Koelen, J.A., Van, H.L., Schoevers, R.A., Peen, J., Hendriksen, M., Kool, S., Aalst, G.

van, & Jonghe, F. de (2008). Speed of action: the relative efficacy of short psychodynamic supportive psychotherapy and pharmacotherapy in the first 8 weeks of a treatment algorithm for depression. *Journal of Affective Disorders*, 1(2), 183-188.

DeRubeis, R.J., Hollon, S.D., Amsterdam, J.D., Shelton, R.C., Young, P.R., Salomon, R.M., O'Reardon, J.P., Lovett, M.L., Gladis, M.M., Brown, L.L., & Gallop, R. (2005). Cognitive therapy vs. medications in the treatment of moderate to severe depression. *Archives of General Psychiatry*, 62, 409-416.

DeRubeis, R.J., Gelfand, L.A., Tang, T.Z., & Simons, A.D. (1999). Medications versus cognitive behavior therapy for severely depressed outpatients: mega-analysis of four randomized comparisons. *American Journal of Psychiatry*, 156(7), 1007-1013.

Dorrepaal, E., Nieuwenhuizen, C. van, Schene, A., & Haan, R. de (1998). De effectiviteit van Cognitieve en Interpersoonlijke Therapie bij depressiebehandeling: een meta-analyse. *Tijdschrift voor Psychiatrie*, 40(1), 27-39.

Driessen, E., Van, H.L., Schoevers, R.A., Cuijpers, P., Aalst, G. van, Don, F.J., Hendriksen, M., Kool, S., Molenaar, P.J., Peen, J., & Dekker, J.J.M. (2007). Cognitive Behavioral Therapy versus Short Psychodynamic Supportive Psychotherapy in the outpatient treatment of depression: a randomized controlled trial. *BMC Psychiatry*, 7, 58.

Gloaguen, V., Cottraux, J., Cucherat, M. e.a. (1998). A meta-analysis of the cognitive effects of therapy in depressed patients. *Journal of Affective Disorders*, 49, 59-72.

Hamilton, M. (1960). A rating scale for depression. *Journal of Neurology Neurosurgery and Psychiatry*, 23, 56-62.

Hirschfeld, R.M., Montgomery, S.A., Keller, M.B., Kasper, S., Schatzberg, A.F., Moller, H.J., Healy, D., Baldwin, D., Humble, M., Versiani, M., Montenegro, R., & Bourgeois, M. (2000). Social functioning in depression: a review. *Journal of Clinical Psychiatry*, 61, 268-275.

Hollon, S. D., & Beck, A.T. (1994). Cognitive and cognitive-behavioral therapies. In A.E. Bergin & S.L. Garfield (Eds.), *Handbook of psychotherapy and behavior change* (4th ed.). (pp. 428–466).

Hollon, S. D., DeRubeis, R.J., Shelton, R.C., Amsterdam, J.D., Salomon, R.M., O'Reardon, J.P., Lovett, M.L., Young, P.R., Haman, K.L., Freeman, B.B., & Gallop, R. (2005). Prevention of relapse following cognitive therapy vs. medications in moderate to severe depression. *Archives of General Psychiatry*, 62, 417–422.

Huibers, M., & Teeseling, H. van (2007). *Behandelprotocol Cognitieve Gedragstherapie. Stepped Treatments for Evidence-based Psychotherapy in Depression (STEPd Onderzoek)*. Department of Clinical Psychological Science, Universiteit Maastricht.

Jonghe, F. de (2005) *Kort en krachtig. Kortdurende psychoanalytische steungevende psychotherapie*. Amsterdam: Benecke N.I.

Jonghe, F. de, Hendriksen, M., Aalst, G. van, Kool, S., Peen, J., Van, R., Eijnden, E. van den, & Dekker, J. (2004). Psychotherapy alone and combined with pharmacotherapy in the treatment of depression. *British Journal of Psychiatry*, 185, 37-45.

Jonghe, F. de, Kool, S., Aalst, G. van, Dekker, J., & Peen, J. (2001). Combining psychotherapy and antidepressants in the treatment of depression. *Journal of Affective Disorders*, 64, 217-229.

Jonghe, F. de, Rijnierse, P., Janssen, R. (1994). Psychoanalytic supportive psychotherapy. *Journal of the American Psychoanalytic Association*, 42, 421-445.

Keijsers, G.P.J., Minnen, A van, & Hoogduin, C.A.L. (1997). *Protocollaire behandelingen in de ambulante geestelijke gezondheidszorg*. Houten: Bohn Stafleu van Loghum.

Keijsers, G.P.J., Minnen, A van, & Hoogduin, C.A.L. (2004). *Protocollaire behandelingen in de ambulante geestelijke gezondheidszorg*. Houten: Bohn Stafleu van Loghum.

Kessler, R.C., Berglund, P., Demler, O., Jin, R., Koretz, D., Merikangas, K.R., Rush, A.J., Walters, E.E., & Wang, P.S. (2003). The epidemiology of major depressive disorder: results from the National Comorbidity Survey Replication (NCS-R.). *Journal of the American Medical Association*, 289, 3095–3105.

Landelijke Stuurgroep Multidisciplinaire Richtlijnontwikkeling in de ggz. (2007). *Multidisciplinaire richtlijn Depressie. Richtlijn voor de diagnostiek en behandeling van volwassen cliënten met een depressie*. Utrecht: Trimbos-instituut.

Kupfer, D J. (1991). Long-term treatment of depression. *Journal of Clinical Psychiatry*, 52 Suppl., 28-34.

Lewinsohn, P.M., Sullivan, J.M., & Grosscup, S.J. (1980). Changing reinforcing events: An approach to the treatment of depression. *Psychotherapy: Theory, Research, and Practice*, 47, 322-334.

Luty, S.E., Carter, J.D., McKenzie, J.M., Rae, A.M. Frampton, C.M.A., Mulder, R.T., & Joyce, P.R. (2007). Randomised controlled trial of interpersonal psychotherapy and cognitive behavioural therapy for depression. *British Journal of Psychiatry*, 190, 496-502.

Molenaar, P.J., Dekker, J., Van, R., Hendriksen, M., Vink, A., & Schoevers, R.A. (2007). Does adding psychotherapy to pharmacotherapy improve social functioning in the treatment of outpatient depression? *Depression and Anxiety*, 24(8), 553-562.

Molenaar, P.J., Don, F., Bout, J. van den, Sterk, F., & Dekker, J. (2009). *Cognitieve gedragstherapie bij depressie. Handleiding voor therapeuten*. Houten: Bohn Stafleu van Loghum.

Mueller, T.I., Leon, A.C., Keller, M.B., Solomon, D.A., Endicott, J., Coryell, W., Warshaw, M., & Maser, J.D. (1999). Recurrence after recovery from major depressive disorder during 15 years of observational follow-up. *American Journal of Psychiatry*, 156, 1000-1006.

Persons, J.B., Thase, M.E., & Crits-Christoph, P. (1996). The role of psychotherapy in the treatment of depression: review of two practice guidelines. *Archives of General Psychiatry*, 53, 283-29.

Roth, A., & Fonagy, P. (2005). Depression. In A. Roth & P. Fonagy (Eds.), *What works for whom: A critical review of psychotherapy research, volume 4*. (2nd edition) (pp. 66-134). New York: The Guilford Press.

Rush, A. J., Gullion, C.M., Basco, M.R., Jarrett, R.B., & Trivedi, M.H. (1996). The Inventory of Depressive Symptomatology (IDS): Psychometric Properties. *Psychological Medicine*, 26(3), 477-486.

Rush, A.J., & Thase, M.E. (1999). Psychotherapies for depressive disorders: a review. In M. Maj & N. Sartorius (Eds.), Depressive disorders (pp. 161-206; commentaries 207-232). *WPA Series Evidence and Experience in Psychiatry*, Vol.1. New York: Wiley.

Rush, A.J., Giles, D.E., Schlesser, M.A., Fulton, C.L., Weissenburger, J., & Burns, C. (1986). The Inventory for Depressive Symptomatology (IDS): preliminary findings. *Psychiatry Research*, 18, 65-87.

Salkovskis, P.M. (1991). The importance of behaviour in the maintenance of anxiety and panic: a cognitive account. *Behavioural Psychotherapy*, 19(1), 6–19.

Sorbi, M., & Swaen, S. (1999). *Greep op hoofdpijn*. Lisse: Swets & Zeitlinger.

Sterk, F., & Swaen, S. (2000). *Denk je sterk! Meer zelfwaardering! Meer zelfvertrouwen!* Utrecht: Kosmos-Z&K Uitgevers.

Sterk, F., & Swaen, S. (1999). *Emotioneel in balans*. Utrecht: Kosmos-Z&K Uitgevers.

Stivoro, *Gezondheid en roken*. Retrieved 22 augustus 2006 from http://www.stivoro.nl/Voor_volwassenen/Gezondheid___roken/Index.aspx?mId=9927&rId=72

Straten A,. van, Tiemens, B., Hakkaart, L., Nolen, W.A., & Donker, M.C.H. (2006). Stepped care vs. matched care for mood and anxiety disorders: a randomized trial in routine practice. *Acta Psychiatrica Scandinavica*, 113, 468-476.

Trimbos-instituut, *Alcohol*. Retrieved 22 augustus 2006 from http://www.trimbos.nl/default1384.html

Voedingscentrum. *Eten en gezondheid*. Retrieved 22 augustus 2006 from http://www.voedingscentrum.nl/nl/eten-gezondheid.aspx

Walen, S., DiGiuseppe, R., Dryden, W., Kienhorst, I., Boelen, P.A., & Bout, J. van den (2006). *Theorie en praktijk van de Rationeel-Emotieve Therapie*. Maarssen: Elsevier.

Williams, J.M.G. (1984). *The psychological treatment of depression: a guide to the theory and practice of cognitive behaviour therapy*. New York: Routledge.

World Health Organization (2001). *The World Health Report 2001: Mental Health: new understanding, new hope*. Retrieved from http://www.who.int/whr/2001/en/index.html]

Young, J., & Klosko, J. (1999). *Leven in je leven*. Pearson Assessment and Information.

Aantekeningen

Aantekeningen

Aantekeningen

Aantekeningen

GPSR Compliance

The European Union's (EU) General Product Safety Regulation (GPSR) is a set of rules that requires consumer products to be safe and our obligations to ensure this.

If you have any concerns about our products, you can contact us on

ProductSafety@springernature.com

In case Publisher is established outside the EU, the EU authorized representative is:

Springer Nature Customer Service Center GmbH
Europaplatz 3
69115 Heidelberg, Germany

www.ingramcontent.com/pod-product-compliance
Lightning Source LLC
Chambersburg PA
CBHW081226100426
42871CB00020B/250

9 789031 373536